歴史文化ライブラリー
609

上杉謙信の本音

関東支配の理想と現実

池　享

吉川弘文館

目　次

「関東管領体制」の挫折

上杉謙信のイメージ——プロローグ

上杉謙信は、戦国武将のなかでも高い人気を誇っている。私も、吉川弘文館ＰＲ誌『本郷』一〇一号（二〇一二年九月）の「上杉謙信、最後の越山」で書いたように、熱心な謙信ファンからとうとうと賛辞を聞かされたことが何度かある。彼らの言うところでは、謙信は「百戦錬磨の猛将」「信義に篤い名将」だった。

上杉謙信は義将か

たしかに謙信は合戦に明け暮れ、永禄四年（一五六一）の川中島合戦など派手な戦いも多く、天正五年（一五七七）に加賀手取川（石川県白山市）で織田軍を撃破した一戦は印象深い。しかし、永禄九年の下総臼井城（千葉県佐倉市）での手痛い敗戦もあり、「百戦百勝」だったわけではない。そもそも、個々の合戦の戦術的勝利だけ取り上げても、「侍大将」的評価にとどまるのであって、政治戦略的意味まで広げなければ、「戦国大名」的評価にはならないだろう。

また、「私利私欲なく、信義に基づいて戦った」かどうかについても、他地域からの援助要請に基づいて（あるいは要請を口実にして）出兵するのは、戦国時代にはよくあることである。そもそも、何を「信義」とするのか自体が時代によって変わるのであり、連携相手の乗り換えを示す「現形（げんぎょう）」という言葉も、今では「裏切り」のように見えるが、当時は価値判断を含まずに使われていた。ここでも、「信義」を絶対化するのではなく、政治戦略的意味づけが必要となろう。

関東の戦国争乱と「越山」の意味

謙信の「信義」のなかで最も強調されるのは、関東諸将の要請に応じて繰り返した出兵（「越山（えつざん）」）である。これにはまったく領土的野心はなく、関東管領（かんとうかんれい）として平和秩序の回復を目指したのだという。もとをただすと、謙信が養子に入った関東管領山内上杉氏（やまのうちうえすぎし）と越後（えちご）守護上杉氏との関わりにたどり着く。越後上杉氏は、関東の享徳（きょうとく）の乱・長享（ちょうきょう）の乱への介入や顕定（あきさだ）の関東管領就任など、深く関東政治と関わってきたのである。そのはじまりは、謙信最初の「越山」から一

○○年以上さかのぼるのであり、当然、政治状況は大きく変わっていた。関東管領は、室町幕府体制の関東版である鎌倉府体制の主要な担い手であるが、その位置・役割も変わっていた。詳しくは本論で述べることにして、そのなかで謙信の「越山」の歴史的意味を考えるには、そうした変化をもたらした戦国争乱が何によって引き起こされたのかが、まず明らかにされねばならない。

よく持ち出されるのは、室町幕府の弱体化である。二〇二〇年に放映された大河ドラマ「麒麟がくる」で、足利義輝が将軍権威の失墜を嘆くシーンが何度も出てきたのは記憶に新しい。それではなぜ弱体化したかといえば、「長期政権の緩み」のようなことが挙げられやすい。新井白石が『読史余論』で「天下やや定まれるに及んでは、驕奢必ず生ずるにや、（足利）義政の代に天下乱れしこと、其根本は驕奢に起これり」と論じて以来、何度も繰り返されてきた話である。そこで救国の英雄が登場し、麻の如く乱れた天下を平定し民に平和をもたらすという筋書きになる。「麒麟」は「至治之世」に出現するとされる想像上の動物であり、「麒麟がくる」はそうしたイメージに基づいて作られたタイトルなのだろう。

義輝が暗殺された永禄八年（一五六五）ころから、織田信長が「麟」の字を形象化した花押を用いはじめたように、当時の人にそうした意識があったことは確かだろう。しかしそれだけでは、歴史は単なる政権交代の繰り返しになってしまう。必要なのは、室町幕府による政治秩序が、鎌倉府（鎌倉公方・関東管領）体制も含めてどのようなものであり、なぜ機能不全に陥ったのかを明らかにすることである。その際、大切なのは社会のあり方に視野を広げ、なぜ既存の社会秩序維持システムでは紛争が解決できなくなったのか、新しいシステムはどのように用意されたのかを見ていくことである。

こうした観点から、戦国争乱を通じて新たな政治秩序が生み出される過程を、社会動向との関わりのなかで見ていきたい。それにより、謙信の「越山」の意義も、今日的感覚からではなく、歴史の流れのなかで客観化してとらえることができるだろう。

本書の構成

こうした立場から、本書は以下のように構成してある。

まず「越後上杉氏と関東」で、鎌倉公方足利氏と関東管領山内上杉氏の成立までさかのぼり、そこから越後上杉氏と家宰の越後長尾氏が生まれ、室町時代の関東政治に関わっていく歴史を概観する。そして、鎌倉公方と関東管領の対立が高じて本格的武力衝突である享徳の乱が起こり、上杉氏一族内部での主導権争いである長享の乱へと続き、関東の戦国争乱が始まるが、これに越後上杉氏が深く巻きこまれていった過程を描く。ここを押さえておかないと、なぜ謙信が関東にこだわったのかも理解できないだろう。

ついで「長尾為景と関東」で、謙信の父為景が守護上杉房能を討ち国主として越後に臨み、享禄天文の乱など国衆らの抵抗を受けつつ戦国大名化していく過程を描く。為景は、越後上杉氏や祖先と違い、関東政治に対しては不介入政策をとり、国内支配の強化と越中への領国拡大を目指した。

「長尾景虎の覇権確立」では、為景の路線を引き継いだ謙信（景虎）が、享禄天文の乱を終結させ、越後の覇権を確立する過程を、国衆側の事情にも目を配りながら叙述する。覇権確立を機に本格的外征へと路線を転換するが、これは戦国大名一般がたどった道と共通しているといえる。

「「関東管領体制」の挫折」では、小田原北条氏との争いに敗れた関東管領上杉憲政が越後に避難してきたことを契機に、謙信自らが関東管領となって関東一円の支配を目指すが、北条・武田氏との角逐に敗れ挫折していく過程を描く。鎌倉府体制という室町時代的秩序に依拠した支配が、もはや時代遅れになっていたことが明らかにされるだろう。

「越相同盟の成立と崩壊」では、謙信が北条氏と越相同盟を締結し、北陸方面に外征の主目標を置いて関東から撤退していく過程を描く。これにより、謙信は近隣大名と「国郡える。

境目相論」(領土紛争)を行い、合従連衡策をとる「普通の戦国大名」に転換したとい

「上杉謙信の「遺産」と波紋」では、謙信が実子を儲けなかったことから、養子の景勝(上田長尾政景の子)と景虎(北条氏康の子)の間で後継者争い(御館の乱)が起こり、上杉氏と北条・武田氏との関係も変わっていくといったように、謙信は死後も東国戦国史の展開に大きな影響を及ぼしていたことを述べる。

最後に「関東管領から普通の戦国大名へ—エピローグ」で、関東戦国史のなかに「越山」を位置づけ、あらためてその歴史的意味を考えることとしたい。

なお、当時の人の「生の声」をお届けしようと思い、本文中に上杉謙信の書状などの史料を、書き下しや現代語訳の形で数多く載せている。もっと詳しく内容を知りたいと思った方のために出典を示したが、煩瑣になることを避け、巻末の参考文献にある『上越市史別編1・2 上杉氏文書集一・二』所収の史料については、そこに付された史料番号のみを記すことにする。例示すれば、弘治二年(一五五六)に謙信が隠退の意思を表明した六月二八日付長尾宗心書状は、「上越一三四」となる。

越後上杉氏と関東

関東管領と鎌倉公方

上杉謙信は、越後守護代府内長尾家に生まれたが、関東管領山内上杉氏の名跡を継ぐことにより、名字を上杉に改めた。

上杉氏と足利氏

その上杉氏は、「上杉系図」（『続群書類従』所収）によれば、もともとは勧修寺流藤原氏の庶流で、昇殿を許されない地下身分の公家だった。鎌倉中期の建長四年（一二五二）に宗尊親王が将軍として鎌倉に下向したとき、親王に仕えていた一族の藤原重房が同行して丹波上杉荘（京都府綾部市）を拝領し、以後上杉を名字とすることとなった。これが、上杉氏のはじまりである。

重房は宗尊親王失脚後も鎌倉に残って武家との交流を深め、娘が足利頼氏に仕え、孫の清子は足利貞氏に嫁いで尊氏・直義兄弟を産んだ。こうして上杉氏と足利氏の間には深い結びつきが生まれ、南北朝内乱でも上杉氏は足利方として活躍した。なかでも清子の兄憲房は、新田義貞の本拠である上野の守護に任命されて南朝方と戦い、最後は北畠顕家らに敗れた足利尊氏を九州に逃がすため、京都四条河原で戦死した。

鎌倉公方と関東管領の誕生

その後の戦いをへて成立した足利幕府は、鎌倉幕府の基盤となっていた関東をおさえるため、尊氏の嫡男千寿王（後の義詮）を鎌倉に置き、斯波家長・高師冬らの重臣を関東執事に任命して千寿王を支えさせた。上杉憲房の嫡男憲顕も、関東執事に就任しつつ、新田一族など南朝方の勢いが強かった越後の守護に任命され、敵方の掃討、地域の平定に功績を挙げた。尊氏が弟の直義と対立するようになると、義詮は直義に替わり政務を担当するため京都に赴き、弟の基氏が鎌倉に入って関東を管轄下に置いた。この地位は鎌倉公方と呼ばれるようになり、以後、基氏の子孫が世襲することになる。鎌倉公方は関八州と伊豆・甲斐の「兵馬の権」を握るといわれているが、関東執事（後の関東管領）・守護の任命権は将軍が握っており、その権限には限界があった。

観応の擾乱では、憲顕は直義党として高師冬を滅ぼしたが、直義が敗死すると憲顕も

図1　足利氏（室町将軍家・鎌倉公方家）系図

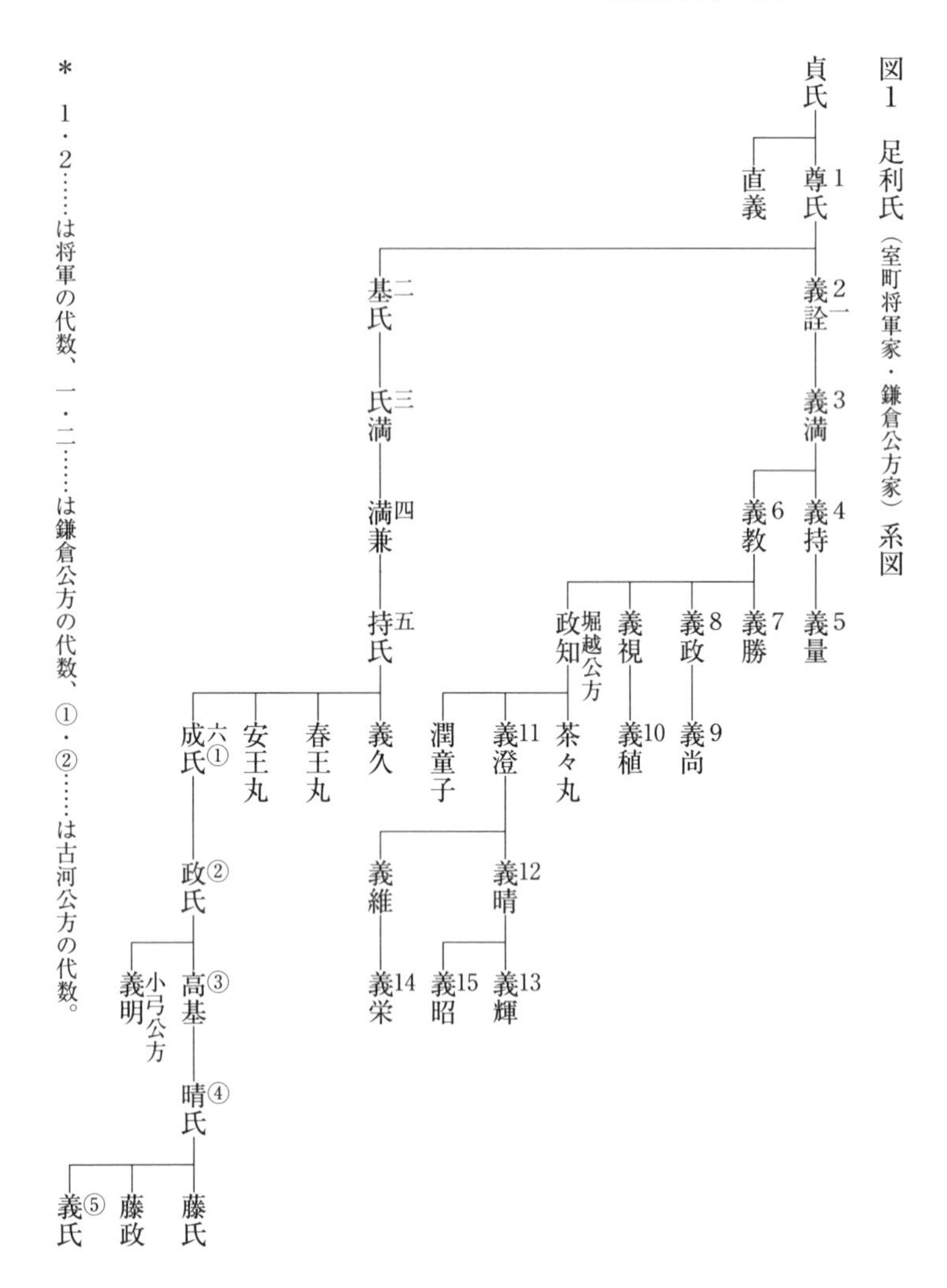

＊　1・2……は将軍の代数、一・二……は鎌倉公方の代数、①・②……は古河公方の代数。

失脚し、越後守護は宇都宮氏綱、関東執事は畠山国清に替わった。憲顕は南朝方の新田義宗らに合流して足利方と戦うようになったが、畠山国清が京都の政争に関東武士を動員し、彼らの支持を失って失脚すると、以前の実績をもとに越後守護・関東執事（このころから関東管領と呼ばれるようになる）に復帰した。以後、両職は上杉氏一族により継承されるようになる。関東管領の地位は、憲顕の系統（居館を鎌倉の山内に置いたことから山内上杉氏と呼ばれた）と、憲顕の弟憲藤の系統（居館を鎌倉の犬懸に置いたことから犬懸上杉氏と呼ばれた）により継承された。

山内上杉氏家宰長尾氏

関東管領山内上杉氏を、家宰すなわち家政を取り仕切る近臣の筆頭として支えたのが、謙信の出自である長尾氏だった。長尾氏は坂東八平氏の一つ三浦氏の一族で、相模長尾荘（横浜市栄区）に居住したことから、長尾と称するようになった。長尾氏は宝治合戦に敗れた三浦氏とともに勢力が衰えたが、上杉重房が鎌倉に下向したときから上杉氏とつながりをもち、南北朝内乱期には長尾景忠が上杉憲顕に従い各地を転戦して軍功をあげた。景忠は、憲顕の下で上野守護代・越後守護代となり、山内上杉氏の家宰の地位に就いた。

景忠の子孫は、鎌倉に居住する景忠の養子景直の系統である鎌倉長尾氏、上野に土着し白井（群馬県渋川市）と総社（同県前橋市）を本拠とした白井長尾氏・総社長尾氏などに分かれた。彼らは、山内上杉氏家宰・上野守護代・武蔵守護代に入れ替わり就任し、主家の関東支配を支えた。

鎌倉公方と関東管領の対立

鎌倉公方足利基氏は幕政にも関与し、兄の将軍義詮とは協調関係にあった。しかし、氏満と義満という従兄弟関係の代に替わって以降、状況に変化が生まれた。氏満が、下野小山義政の乱や常陸小田孝朝の乱の鎮圧を通じて北関東に対する支配を強化すると、国家統合の強化をめざす義満は、鎌倉府の自立性が強まることを危惧し、嘉慶二年（一三八八）に「富士遊覧」と称する示威行動を展開した。鎌倉公方と京都の将軍家の間に亀裂が生じたことにより、鎌倉府と幕府の関係を取り次ぐ関東管領は、微妙な立場に置かれることとなった。義満の有力守護勢力削減策から生じた応永の乱（応永六年〈一三九九〉）では、大内義弘の要請により鎌倉公方足利満兼（氏満の子）が軍勢を動かしたが、山内上杉憲定（憲顕の孫で後の関東管領）の諫言により、義弘に合流するには至らなかった。

こうしたなかで応永二三年、鎌倉公方足利持氏（満兼の子）と不仲になった前関東管領犬懸上杉氏憲（禅秀、憲藤の孫）が、持氏に背いて反乱を起こした。禅秀方には持氏の叔父の足利満隆が加わっており、持氏方には関東管領山内上杉憲基（憲定の子）が加わっているので、鎌倉公方と関東管領の争いではなく、それぞれの一族内部の争いだったといえる。当初は禅秀方有利に展開したが、最後は幕府の支持を得た持氏方の勝利となり、以後、犬懸上杉氏は関東における力を失い、山内上杉氏が関東管領を世襲することとなった。同時に、上杉氏が鎌倉公方家と肩を並べる実力を有することが明らかになり、以後の政局の重要な担い手としての存在感を示すことにもなった。

上杉禅秀の乱では幕府の助けを借りた持氏だったが、乱収束後は権力基盤強化のため禅秀方残党の討伐や各国の守護職人事への介入を強め、攻撃対象の多くが「京都扶持衆」と呼ばれる親幕府勢力だったため、幕府との対立を生むこととなった。そうしたなかで将軍足利義量と父である室町殿足利義持が相次いで亡くなり、くじ引きで足利義教が後継将軍に選ばれた。義教は将軍権威強化を図り、永享四年（一四三二）には義満に倣い「富士遊覧」を挙行し鎌倉府を牽制した。反発した持氏は、「呪詛の怨敵」を攘う願文を鶴岡八幡宮に捧げ、各地で軍事行動を繰り返した。関東管領山内上杉憲実（憲基の後継）は諫止に努めたが聞き入れられず、ついに永享一〇年鎌倉を出て分国上野に奔った。持氏は追討軍を派遣、一方、幕府は「錦の御旗」を掲げて持氏討伐に乗り出した。永享の乱の勃発

図2　上杉氏系図（『上越市史通史編2　中世』〈二〇〇四年〉をもとに作成）

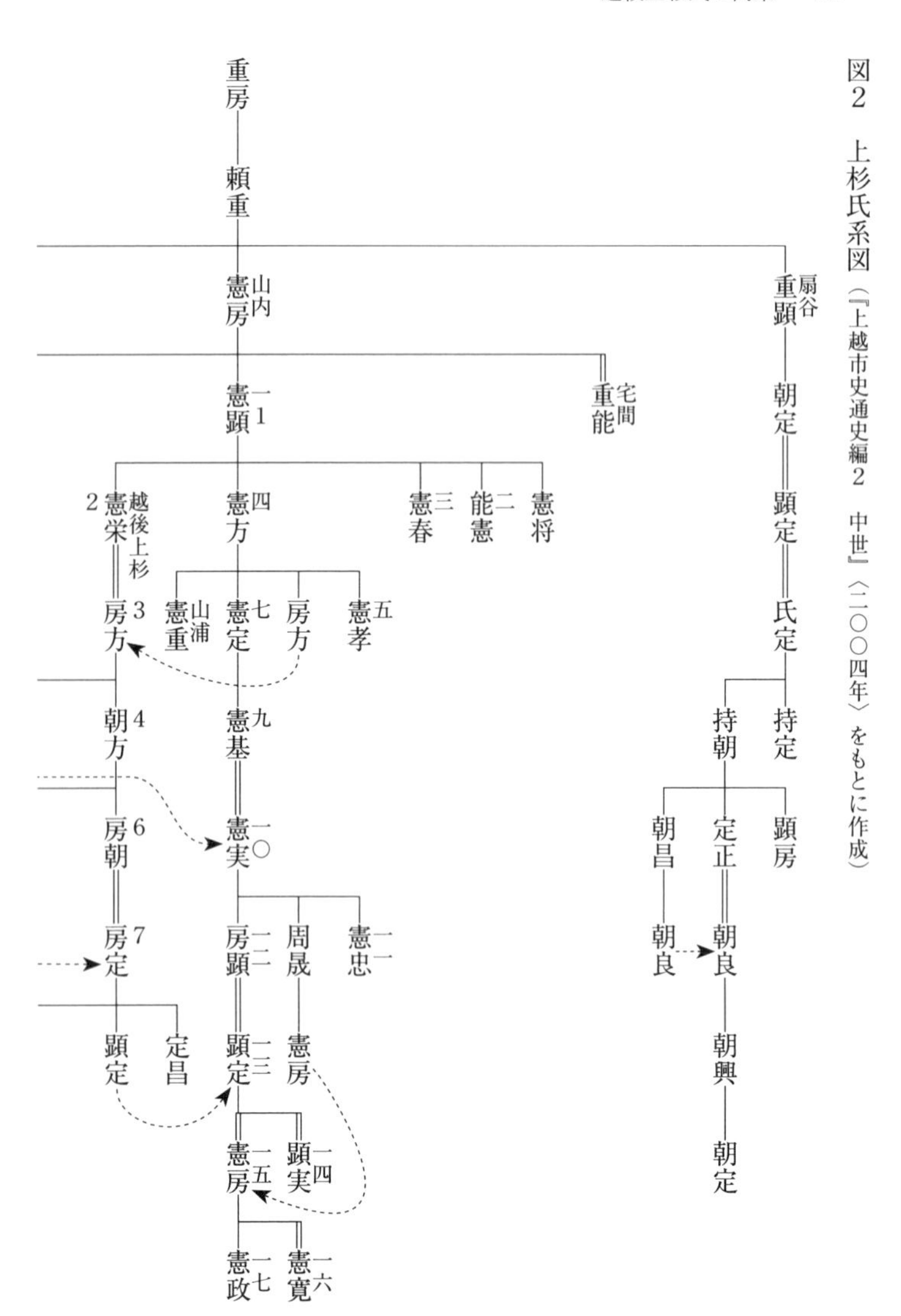

＊1・2……は越後守護の代数、一・二……は関東管領の代数、……は養子に入った経路。

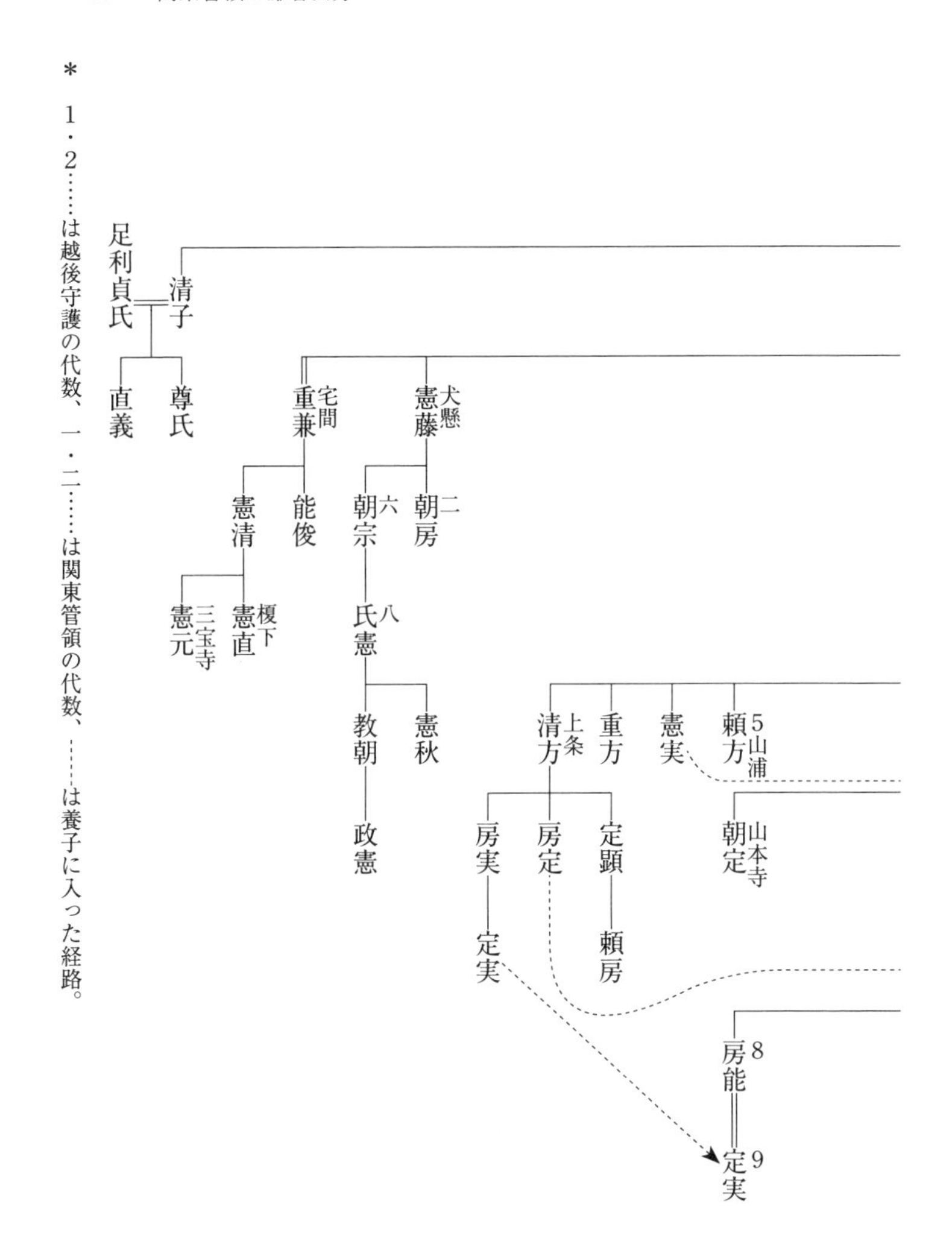

である。幕府軍の圧倒的優勢のもとで持氏方は内部崩壊し、捕らえられた持氏の自害により乱は収束した。責任を感じた憲実は関東管領を辞して出家し、やがて諸国行脚の旅に出た。

越後上杉氏・長尾氏の成立と展開

越後上杉氏

上杉氏と越後の関係は、前述の上杉憲顕による越後守護就任に始まる。憲顕の死後、越後守護は末子の憲栄が継いだが、世事を厭い若くして出家遁世した。そこで、憲栄の兄山内上杉憲方の息子房方が、養子として越後守護になった。房方は在京して幕政に参加し、評定衆に任じられている。房方の跡は嫡子の朝方が継いだが、早世したため弟の山浦上杉頼方が越後守護となった。山浦上杉氏は、房方の弟憲重が越後白河荘山浦（新潟県阿賀野市）を領したことにはじまる越後上杉氏の一族であり、頼方は憲重の養子となっていた。頼方は後述する越後応永の乱で失脚し、山浦上杉氏も一時期断絶した。謙信の時代になって、信濃から避難してきた村上国清が、山浦の名跡を継ぐことになる。

頼方失脚後、越後守護には朝方の嫡子房朝が就任したが、若くして亡くなったため、房朝の従兄弟にあたる上条上杉房定が継ぐこととなった。上条上杉氏は、房方の末子清方が、越後鵜川荘上条城（新潟県柏崎市）に拠ったことに始まる、越後上杉氏の一族である。その後、上条上杉氏は、子の房実・孫の定実と受け継がれ、定実は「下剋上」で実権を握った守護代長尾為景により越後守護に擁立されることになる。

房定は、前代までの守護在京を改め越後に下向し、後述のように支配の実権を握っていた守護代長尾邦景を滅ぼした。以後、房定は府内（同県上越市）で政務を執ると同時に、息子の顕定が山内上杉氏を継ぎ関東管領になると、関東の政局に深く関わった。後継守護である息子の房能も父親の路線を受け継いだが、長尾為景により滅ぼされた。越後上杉家は定実に継承されたが、その死とともに断絶した。

越後長尾氏

上杉憲顕の家宰長尾景忠は、憲顕が鎌倉に戻った後も越後にとどまり、守護代として地域の平定に努めた。やがて景忠は憲顕を支えるため関東に戻り、越後守護代の地位は弟景恒の子孫が継承した。前述のように守護は在京していたため、守護代長尾氏が実質支配を担当するようになった。

景恒の子孫は越後各地に定住し、蒲原郡三条（新潟県三条市）を本拠とする三条長尾家、古志郡蔵王堂・栖吉（同県長岡市）を本拠とする古志長尾家、魚沼郡上田荘（同県南魚沼市）を本拠とする上田長尾家などに分かれた。このうち、三条長尾家が守護代を世襲し府内に居住したことから、府内長尾家とも呼ばれた。

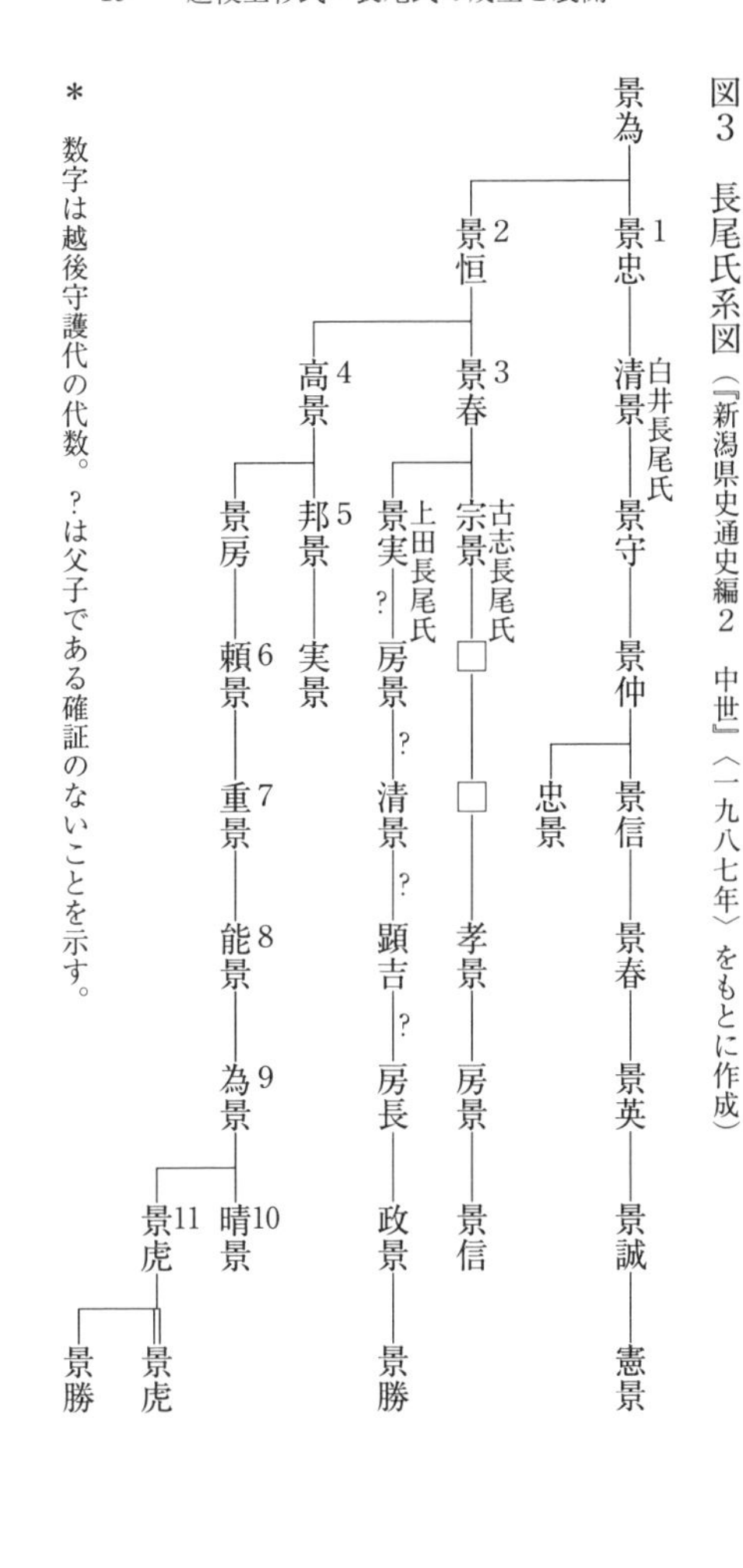

図3　長尾氏系図（『新潟県史通史編2　中世』〈一九八七年〉をもとに作成）

＊数字は越後守護代の代数。？は父子である確証のないことを示す。

守護代長尾氏は守護上杉氏を支える立場にあったが、幕府と鎌倉府の対立に巻き込まれて敵対関係に入り、景恒の孫邦景が滅ぼされる結果を生んだ。府内長尾家は、邦景の弟景房の子である頼景が継承し、重景・能景・為景・晴景・景虎（後の上杉謙信）とつづいた。為景の「下剋上」に反発した勢力が起こした享禄天文の乱では、上田長尾家は反為景方として越後支配の主導権を争ったが、最後は当主の長尾政景が景虎と講和し、景虎の姉を妻に迎え、二人の間に顕景（後の上杉景勝）が生まれた。

関東情勢の推移と越後上杉・長尾氏

越後上杉氏と越後長尾氏は、山内上杉氏を介して関東と深い関係をつづけていた。まず上杉禅秀の乱では、関東管領山内上杉憲基が叔父房方の分国である越後に避難し、越後勢を率いて反撃に転じている。その憲基が病死すると、従兄弟にあたる房方三男の憲実が山内上杉家を継ぎ関東管領となった。また上条上杉清方は、実兄憲実が関東管領を辞した後、彼の命により関東管領の名代となった。

足利持氏が幕府との関係を悪化させると、越後守護上杉頼方が憲実の兄だったことから、幕府は彼が持氏派ではないかと疑い討伐の動きを見せた。頼方は、疑いを晴らすために幕府方の立場を鮮明にし、守護代長尾邦景こそ持氏派であると訴え、幕府より邦景討伐を命じられた。越後の応永の乱の勃発である。持氏が一時期幕府に恭順の意を示したことから、乱は守護・守護代間の内紛という性格を強め、越後に根を下ろしていた邦景方有利に展開した。その結果頼方は失脚し、守護には前述のように朝方嫡子の幼い房朝が就任した。邦景は守護を抑えて幕府との関係を強め、永享の乱では子の実景が越後勢を率いて出陣し、上杉憲実を支えて活躍した。また、持氏の遺臣が遺児の安王丸・春王丸を擁して挙兵した結城合戦でも、実景は上杉清方の指揮の下で両遺児を捕らえる手柄を立てている。

その後、鎌倉公方の座には持氏の別の遺子永寿王（後の足利成氏）が就いた。軍記物の『鎌倉大草紙』は、越後守護の上杉房定が強く懇願したとしている。真偽のほどは不明で、心ならずも主君父子を死に追いやった憲実の意を体したのかも知れないが、京都の守護方（このころの守護は房朝）が、反持氏方として活躍した邦景・実景父子を牽制する意図があったとも考えられる。実際に成氏は、持氏を滅ぼす主力となった関東の上杉方と、持氏与党の復活をめぐり対立することとなった。宝徳二年（一四五〇）四月、山内上杉氏家宰の長尾景仲と扇谷上杉氏家宰の太田資清らは成氏襲撃を計画し、小山・宇都宮・結城・小田氏ら成氏方と鎌倉由比ヶ浜で合戦に及び敗れた（江ノ島合戦）。『上杉家記』では越後で邦景が景仲に呼応したとされるが、その実否はともかく、上杉方の敗北は邦景の地位を危うくするものだった。同年一二月、守護となった房定が越後に下向して邦景を切腹させた。おそらく、関東における状況変化を踏まえた行動だったのだろう。

なお、扇谷上杉氏は上杉憲房の兄重顕の家系で、居館を鎌倉の扇谷に置いたことから、このように呼ばれた。扇谷上杉氏は、上杉禅秀の乱・永享の乱・結城合戦で勝者側に立って活躍し、当主の持朝が相模守護に任じられるなど地位を上昇させていた。また家宰の太田氏は、摂津源氏の一族で丹波太田（京都府亀岡市）を名字の地とする。上杉氏との関係は、鎌倉期の当主資国が上杉重房に仕えてともに鎌倉に下ったことに始まる。いつから扇谷上杉氏に仕えるようになったかは不明だが、有名な太田道灌（資長）の父である資清（道真）は、家宰だけでなく相模守護代も務めた。

享徳の乱と越後上杉氏

享徳の乱の勃発

江ノ島合戦後、足利成氏は長尾景仲らの処分を幕府に要求した。しかし幕府は、成氏に好意的だった畠山持国から細川勝元に管領が交替したこともあり、関東管領による鎌倉公方牽制を意図して、上杉方の赦免で決着させた。承服しがたい成氏は享徳三年（一四五四）一二月、関東管領上杉憲忠（憲実の子）を御所に招き寄せ、不意を突いて殺害した。残された上杉方は鎌倉を撤退したが、成氏は武蔵府中に軍を進め、扇谷上杉顕房（持朝の子）・犬懸上杉憲顕らを自害に追い込み、さらに景仲ら残党が立て籠もる常陸小栗城（茨城県筑西市）に攻めかかった。以後、成氏と上杉方は三〇年近く抗争をつづけた。この享徳の乱は関東における戦国時代のはじまりと位置づけられている。

幕府は翌年正月、憲忠の弟で在京していた房顕を関東管領に任命し、成氏追討の総大将として関東に派遣、房顕は越後をへて山内上杉氏の拠点上野平井城（群馬県藤岡市）に入った。越後守護上杉房定も、幕府の命令を受け白井長尾氏の拠点上野白井城（同県渋川市）に入った。さらに、幕府の関東抑え役である駿河守護今川範忠が六月に鎌倉を制圧し、その際に鎌倉は「永代亡所」になったとされる。

こうしたなかで成氏は、小栗城を攻め落としたあと、上野・下野で上杉房顕・房定軍と一進一退の戦いを繰り返していたが、鎌倉陥落の報により本拠を下総古河（茨城県古河市）に移すこととした。以後、成氏の系統は古河公方と呼ばれるようになる。この年、改元が行われ年号は康正となったが、古河公方側は享徳の年号を使い続けた。元号の決定権は形式的には朝廷に属するが、このころは幕府が実質的な決定権を有していたので、幕府への対抗姿勢を示すものだったといえる。古河が本拠に選ばれたのは、鎌倉公方の料所下河辺荘（茨城県西部・埼玉県東部・千葉県北部）内にあり、かつ、鎌倉街道中道が通り渡良瀬川・利根川が合流する交通の要衝であり、小山・宇都宮・小田・佐竹氏など伝統勢力が盤踞する東関東と、上杉氏の地盤である西関東の接点にも当たることによると考えら

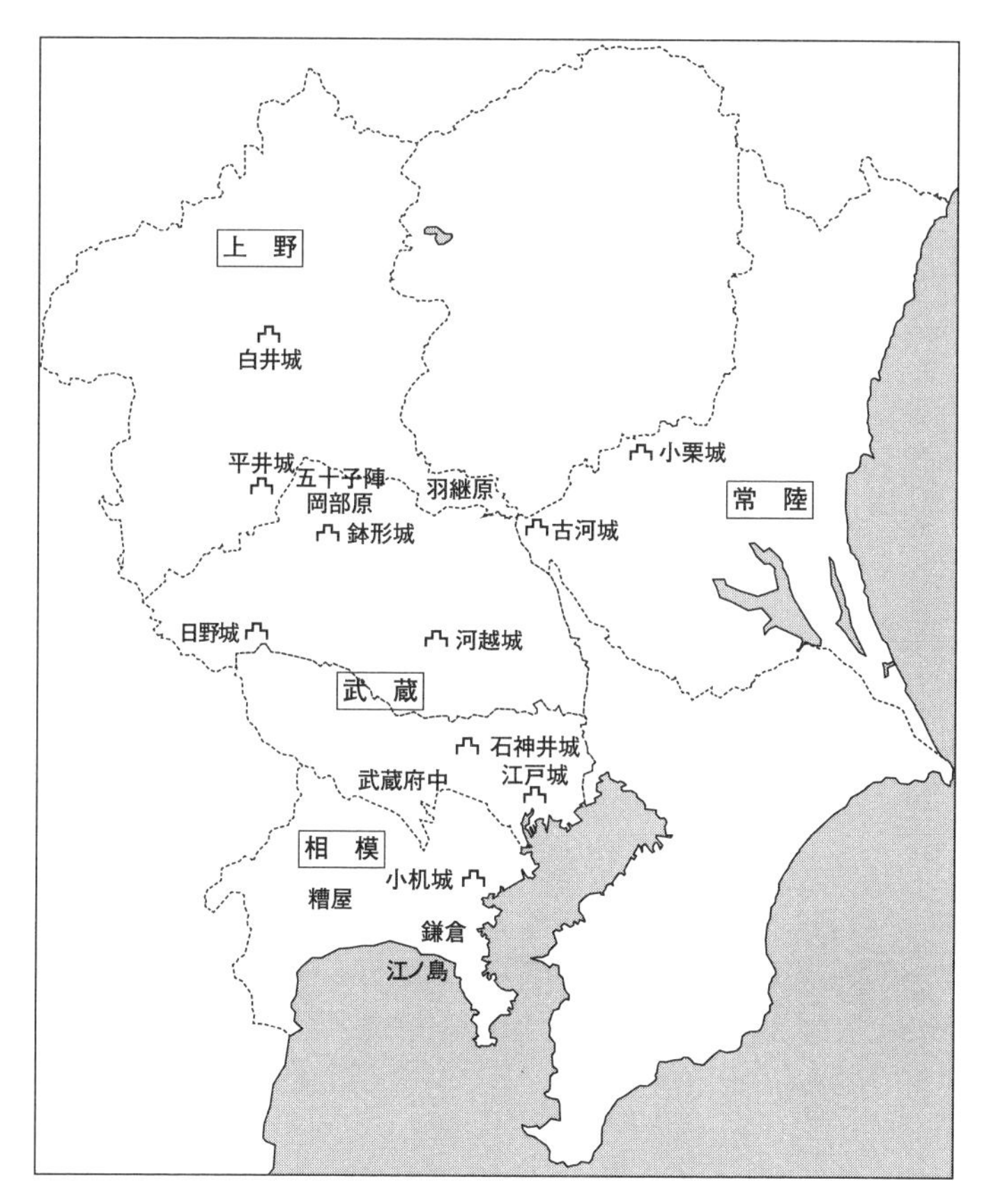

図4　享徳の乱・長尾景春の乱関係図

れている。

戦線の膠着

両者の戦いは武蔵にも及び、康正二年（一四五六）九月には岡部原（埼玉県深谷市）で合戦が起きている。上杉方は、古河公方に対峙するためいくつかの前線拠点を構築した。長禄元年（一四五七）には、扇谷上杉持朝が太田道真・道灌に河越城（埼玉県川越市）と江戸城（東京都千代田区）を築城させ、自らは河越城主となり道灌を江戸城主とした。その後、山内上杉氏は平井城よりも古河に近い五十子（埼玉県本庄市）に、上杉方の本陣を移した。長禄三年一〇月には、上杉房定率いる毛利房朝・色部昌長・長尾頼景・本庄時長・飯沼頼泰・三潴帯刀ら越後の武士勢が古河を目指して五十子を出陣し、上野羽継原（群馬県館林市）付近で成氏方と激戦を展開した。しかし古河を占拠するには至らず、五十子に引き返している。こうして、戦いは長期戦の様相

図5　太田道灌像（静勝寺所蔵）

を呈してきた。

そのころ幕府は、新たな鎌倉公方として将軍義政の異母兄足利政知を選んだが、政知は鎌倉の安全に不安があるとして伊豆にとどまった。これには幕府側の事情が大きく関わっていた。政知の関東下向にあわせ、幕府は斯波義敏に追討軍の総大将を命じたが、義敏は分国越前の守護代甲斐常治との抗争に忙しく下向には及ばなかった。そのため政知はついに鎌倉に入ることができず、伊豆の堀越（静岡県伊豆の国市）に御所を新造して本拠とし、堀越公方と呼ばれるようになった。

上杉顕定の関東管領就任と応仁の乱

戦線の膠着状態がつづくなか、文正元年（一四六六）に上杉房顕が五十子陣で病死した。三二歳の若さで世継ぎがおらず、従兄弟に当たる上杉房定の息子顕定が、山内上杉家の養子となり関東管領に就任した。応仁元年（一四六七）には扇谷上杉持朝が亡くなり、房定は上杉氏一族の中心的位置を占めることとなった。房定は長男の定昌を上野白井城に在城させるなど、関東への関与を強めた。上杉氏一族の「長老」としての責任もあったと思われるが、越後上杉氏家臣のなかには石川・千坂氏など関東出自の者が多く、平子氏のように武蔵本目（横浜市）の所領を依然保持していた者もいたから、彼らの権益を守る意味もあったと思われる。

京都で応仁の乱が始まり幕府権力が分裂すると、西軍の山名宗全・斯波義兼・畠山義就が、成氏に「都鄙御和睦」を申し入れてきた。成氏追討を命じる立場にあった将軍足利義政・管領細川勝元率いる東軍への対抗策だった。しかし、これも決定打とはならず、乱はずるずると長引いた。

長尾景春の乱

状況を大きく変えたのは、文明九年（一四七七）正月に勃発した、長尾景春の上杉方に対する反乱だった。山内上杉氏の家宰で上野守護代の白井長尾景信（景仲の子）の嫡子だった景春は、文明五年に亡くなった父の後継に、総社長尾氏を継いでいた叔父忠景が選ばれたことに反発した。山内上杉氏家臣のなかには、自己の権益のため白井長尾氏とつながっていた者が多く、上野・武蔵・相模など広汎な地域で同調者が生まれ、謀反の動きを見せた。これに危機感を抱いた太田道灌は、関東管領上杉顕定に注進したが聞き入れられなかった。道灌はその後、主人扇谷上杉定正（顕房の弟、若死した甥政真の後継）の命により、今川家の家督争い（後述）で上杉氏の血筋を引く小鹿範満を支援するため駿河に出陣したが、帰陣した後も五十子陣に出仕せず、不満の意を示した。

景春は、道灌不在の隙を突いて武蔵鉢形（埼玉県大里郡寄居町）に城を構え、五十子陣に襲いかかった。上杉方は近辺に撤退し、越後勢は白井城に戻った。ここで道灌が反撃を開始し、江戸城と河越城の中間地帯を地盤とする景春方の豊島氏を攻撃、軍事拠点の練馬城・石神井城（ともに東京都練馬区）を落とした。上杉方主力の山内顕定・扇谷定正も反撃を開始し、五十子陣付近で景春方を破った。劣勢に陥った景春の要請で古河公方足利成氏が救援に赴くと、上杉方は白井城に撤退し、両軍は上野で対峙することとなった。

睨み合いが続くなか、文明一〇年正月、上杉方が成氏と幕府の講和を仲介することを条件に、両者の講和が成立した。すると上杉方は景春方への攻勢を強め、豊島氏が逃げ込んでいた武蔵小机城（横浜市港北区）を陥落させるなど武蔵・相模を平定した。景春は秩父を拠点に抵抗をつづけたが、最後の拠点日野城（埼玉県秩父市）が陥落すると成氏のもとに逃れ、乱は終熄することとなった。

「都鄙合体」と享徳の乱の終結

成氏と幕府の講和はなかなか進捗しなかったが、景春の抵抗が止んだのを機に、京都と関わりの深い上杉房定が斡旋に乗り出し、文明一四年（一四八二）一一月、成氏が堀越公方の伊豆支配を承認し、顕定も守護権を有していた伊豆を差し出すことを条件に、講和（「都鄙合体」）が成立した。成氏は享徳年号の使用をやめ、三〇年近くにわたる享徳の乱は終わりを告げた。

振り返ってみると享徳の乱は、鎌倉公方足利氏と関東管領上杉氏の争いを基軸としており、上杉禅秀の乱・永享の乱と共通する、室町幕府支配の枠組内での争いだった。戦闘が「西関東」（相模・武蔵・上野）を基本的舞台に広域的に展開したのも、鎌倉府の支配領域に点在する双方の拠点をめぐって争われたからだった。この点は、「国郡境目相論」と呼ばれる、後の戦国大名間の領土紛争とは大きく違っている。越後上杉氏が大きな役割を果たしたのも、従来の関係に基づいてのことだった。

相模糟屋（神奈川県伊勢原市）に館を構え相模守護でもあった扇谷上杉氏が、河越城・江戸城を本拠としたのも、こうしたことと関わっている。河越城は古河城に対峙する前線拠点であり、入間川水運を押さえる意味もあった。また江戸城は、東海水運のターミナル江戸湊や入間川・荒川の河口に近く、鎌倉街道も通る交通の要衝である。しかし、両者とも相模ではなく武蔵にあって、「扇谷上杉領国」の一部だったわけではない。扇谷上杉氏と河越城の地との関わりは、永享の乱での活躍により、鎌倉公方料所だった河越荘を幕府より預けられたことに始まっている。また、江戸城の地との関わりは、もともとの領主だった江戸氏が結城合戦以降に没落したところを、扇谷上杉氏が実力で奪取したことにはじまると考えられる。見方を変えれば、後に詳述するように、武蔵守護の山内上杉氏には分国の排他的支配権がなかったことになる。

享徳の乱の新しさは、幕府による武力鎮圧が失敗し、古河公方・堀越公方・上杉氏へと権力が分裂し、ついに鎌倉府による支配体制を再建できなかったことにある。その大きな要因には、斯波家の内紛や応仁の乱など中央政局の混乱があったのであり、この乱は関東での室町幕府支配体制の終わりのはじまりだったとすることができよう。その意味で、享徳の乱は戦国争乱のはじまりと位置づけられるのである。

長享の乱と越後上杉氏

山内上杉氏と扇谷上杉氏の抗争

享徳の乱が収まってまもない文明一八年（一四八六）七月、太田道灌が扇谷上杉氏の糟屋館で主人定正により謀殺された。これが新たな関東争乱の引き金となった。享徳の乱を通じた扇谷上杉氏の台頭は著しく、なかでも長尾景春の乱における家宰太田道灌の活躍は際立っていた（もっとも、典拠となる史料は「太田道灌状」〈『史料纂集古記録編　松陰私語』所収〉という彼自身がしたためた書状なので、いくぶん割り引いて評価しなければならないようだが）。そこで、道灌の「下剋上」を危惧した定正が、先手をとってこの挙に及んだとされている。さらに、扇谷上杉氏の勢力削減を目論む山内上杉顕定が、定正をそそのかしたとも考えられている。河越・江戸築城に代表される扇谷上杉氏の武蔵進出は、武蔵を分国とする山内上杉氏にとって黙視できないものだったのである。その山内上杉氏も、名族三浦氏と連携するなど相模への浸透を図っていた。後述する社会秩序の問題もあり、両者の激突は不可避だったといえよう。道灌の嫡子資康（すけやす）は、扇谷上杉氏を離れて顕定に救援を求め、これに応じた顕定は、上野白井城に陣取る兄定昌との連携を強めた。一方、定正は、足利成氏・長尾景春の支援を取り付けた。長享（ちょうきょう）元年（一四八七）閏一一月、定昌が扇谷方の下野勧農城（かんのうじょう）（栃木県足利市）を攻撃し長享の乱が始まった。翌年には「関東三戦」と呼ばれる戦いが展開された。まず、山内方が糟屋館攻撃を目指し相模に進撃したところ、実蒔原（さねまきはら）（神奈川県厚木市）で河越城から駆け付けた扇谷方の反撃を受け撤退した。四ヶ月後に、山内方が河越城攻撃を目指し、須賀谷原（すがやはら）（埼玉県比企郡嵐山町）で扇谷方と衝突した。さらに五ヶ月後には、今度は扇谷方が鉢形城攻撃を目指し、高見原（たかみはら）（同郡小川町）で激戦となった。このように、両者は相手の本拠を落とそうと攻防を繰り返したが、雌雄を決することができず、延徳（えんとく）二年（一四九〇）に和議が結ばれた。

　この間に、白井城の上杉定昌が突然の自害を遂げている。理由としては、弟の房能との家督をめぐる争い、扇谷上杉氏の謀略などが挙げられているが、決定的証拠はなく不明と

図6　長享の乱関係図

いわざるをえない。定昌死後、父の房定は家臣平子朝政らを越後から派遣して軍事指揮に当たらせた。

伊勢盛時（宗瑞）の伊豆侵攻

こうして、いったんは沈静化した両上杉氏の抗争を再燃させる火種となったのが、伊勢新九郎盛時（後の宗瑞、世にいう北条早雲、以下「伊勢宗瑞」と表記）の伊豆侵攻である。伊勢宗瑞は将軍近習の家柄で、姉北川殿が応仁の乱で上洛した今川義忠（範忠の嫡子）と結婚したことから、駿河との関わりが生まれた。文明八年（一四七六）に義忠が遠江守護斯波氏との争いで不慮の死を遂げると、遺児竜王丸（後の氏親）が四歳の幼児だったため、義忠の従兄弟にあたる小鹿範満が家督継承に名乗りを上げた。そこで前述した家督争いが起こり、宗瑞は甥の竜王丸を支援するため駿河に下向した。このときは、竜王丸が幼少のうちは範満が駿府の今川館に入り、家督を代行することで決着したが、範満は氏親成長後も家督を譲らなかった。そこで宗瑞は文明一九年、再度駿河に下向して範満を討ち竜王丸を家督につけた。その後、宗瑞は興国寺城（静岡県沼津市）を中心とする富士下方一二郷を拝領し、駿河に定着した。

このころ、伊豆の堀越公方をめぐり新たな動向が見られた。延徳元年（一四八九）に将軍足利義尚が若くして亡くなり、後継将軍に従兄弟の足利義材（義視の嫡子）が選ばれた。

管領細川政元（勝元の嫡子）は、応仁の乱の経緯から義材の将軍就任を嫌い、足利政知の息子清晃（後の義遐・義高・義澄）を推していた。政元は、その後も政知と結び、足利義材を廃して清晃を将軍に擁立し、清晃の同母弟潤童子を堀越公方に、さらにその二人の従兄弟聡明丸（元関白九条政基の子で後の澄之、三人とも母方の祖父が公家の武者小路隆光）を養子にして管領に据えることを目論んだ。政知としては、これにより古河公方討伐体制を再構築する思惑があったのだろう。延徳三年には政元が越後に下向し上杉房定に面会しているが、関東での新たな動きの準備とも見られる。

しかし、直後に政知が没して跡目争いが始まり、長男茶々丸が異母弟の潤童子を殺害して堀越公方の地位に就いた。これには、古河公方と和睦し「都鄙合体」を進めた、関東管領で伊豆守護でもある上杉顕定の支持があったと見られる。ところが、二年後の明応二年（一四九三）に政変が起こり、義材は政元により将軍を廃され、替わって義高がその座に就いた。伊勢宗瑞が伊豆侵攻を開始したのはその直後であり、将軍義高の命による弟潤童子の仇討ちが目的だったといえる。これにより宗瑞は、山内上杉氏との対立を余儀なくされ、必然的に扇谷上杉氏との連携を強めることになるのである。

明応～永正の再乱

明応三年（一四九四）に入り、扇谷上杉定正は山内方の武蔵関戸（東京都多摩市）と相模玉縄（神奈川県鎌倉市）に攻撃をかけた。伊勢宗瑞は、これに呼応して箱根山を越え相模に侵攻、さらに定正と武蔵久米川（東京都東村山市）で合流し、ともに鉢形城攻撃のため高見原まで進撃した。ところが、定正は荒川渡河途上で落馬し頓死してしまった。大将を失った扇谷・伊勢方は退却し、これを機に古河公方足利政氏（成氏の嫡子）は山内方に転向してしまった。

図７　足利政氏像（甘棠院所蔵）

扇谷上杉氏の家督は、定正の甥である朝良が継承したが、明応五年には山内方が扇谷方の牙城相模へ攻勢をかけ、扇谷方の中心だった小田原城主の大森氏まで山内方に転向してしまった。しかし明応七年になり、長く抵抗していた茶々丸の捕縛・切腹により伊豆を平定した宗瑞が、さらに相模に進出して小田原城（神奈川県小田原市）を奪取した。勢いを得た朝良は、永正元年（一五〇四）九月に武蔵立河原（東京都立川市）で、山内方に戦いを挑んだ。これには宗瑞だけでなく今川氏親も軍を率いて合流し、山内方は戦死者二〇〇〇人ともいう大敗を喫した。

窮地に陥った顕定は、弟である越後守護の上杉房能に援軍を要請、これに応えて越後守護代長尾能景が一万を超える軍勢を率い関東に赴いた。越後勢は武蔵・相模を席巻し、翌永正二年には山内方とともに河越城を包囲した。これには朝良も支えきれず和議を申し入れることとなった。一八年に及ぶ長享の乱は、こうして山内上杉氏の勝利のうちに終わり、顕定が主導し政氏も連携する「関東管領・古河公方秩序」が成立した。

両上杉氏の対立と社会秩序

山内上杉氏と扇谷上杉氏の対立には、大きな社会的背景があった。具体例を挙げよう。

長禄三年（一四五九）、鶴岡八幡宮領である武蔵佐々目郷（埼玉県戸田市）の代官の地位をめぐって紛争が起こり、当事者の一方が太田道灌に推挙状の発給を依頼した。道灌は、武蔵で公的地位に就いていたわけではないが、このころ江戸城を拠点に活動しており、地域における実力者として期待されたのだろう。道灌は佐々目郷に段銭（耕地に対して課す租税）を賦課しており、八幡宮も断り切れないでいた。

文明年間の初め（一四七〇年ころ）、足利基氏が創建した鎌倉長寿寺領武蔵足立郡殖田郷（埼玉県北足立郡伊奈町）で、やはり代官の地位をめぐる争いが起きた。もともとは山内上杉氏被官の島根氏が代官だったが、太田道灌によって寺家の直務支配となり、代官に扇谷上杉氏被官の足立三郎が取り立てられた。ところが、足立氏から道灌に対し、島根氏が違乱（決まりに背いて秩序を乱す行為）を行っているという訴えがあり、一方、山内上杉氏家宰の長尾景信は道灌に対し、足立氏の代官就任を抗議してきた。道灌・景信とも、両上杉氏の家宰の立場から被官の権益擁護のために行動しているのである。

文明三年には、宅間上杉氏の菩提寺である報国寺領の相模国秋葉郷内那瀬村（横浜市戸塚区）に対し、太田道灌が夫丸（人夫）を徴発しようとした。檀那である宅間上杉氏は、これを違乱として長尾景信に訴えた。

このように、当時の武蔵・相模においては、紛争処理は守護などの公的職務に基づいて行われるのではなく、有力者との結びつきを通じて図られることが多かった。有力者側からすれば、地域住民を味方に引きつけ支配力を強化するためには、政治の主導権を握ることが不可欠だったといえる。こうした構図が、両上杉氏の分裂抗争の基礎にあったことは、容易に見て取れよう。

中世における領域支配の限界

このような社会秩序のあり方は、鎌倉府による広域支配が破綻した西関東で、顕著に見られるようになったともいえるが、日本の中世社会一般に通じるものでもあった。守護や個別領主による領域支配が一元的に貫徹していたとはいえないのである。守護は幕府の統治権の国別執行者とされ、軍事指揮・徴税・判決執行などに当たっていたが、独自の裁判権など公的秩序維持のための権限には限界があった。それだけでなく、任国内の武家領主のうちには守護の家臣でない者も多く、この面でも支配力に限界があった。主従関係は個別に結ばれるものであり、守護だけでなく土地の領主であっても、自動的に支配領域内の住民の主人になれるものではなかった。

これは、日本中世の土地制度である荘園制が、律令制に起源を持つ国家的土地所有の私的分割という性格をもっていることと関わっていた。そのため、土地の支配と人の支配の乖離が生じるのである。室町時代以降、上層農民が経済力・政治力・武力を強め、自らの地位を守るため有力者の被官となるケースが増えてきた。その場合、主人に選ばれるのは必ずしも居住地の領主とは限らなかった。近江得珍保（滋賀県東近江市）の住人たちが、守護六角氏の家臣と「散りがかり」というバラバラな被官関係を結んでいたのは、その典型である。また周防（山口県）の大名大内氏が永正一八年（一五二一）に制定した法（「大内氏掟書」〈『中世法制史料集』所収〉）では、家臣の領内の百姓が領主を差し置いて他人の被官となることが、「無道第一」として禁じられている。法によって規制するのは、それだけ広く見られる現象だったためであり、領域秩序の維持にとって無視できない問題だったためでもある。

したがって、両上杉氏の抗争は、巨視的に見ると、こうした社会秩序の不安定さを克服し、一元的で強力な領域支配実現のための第一歩だったといえる。それを達成したのが戦国大名であるが、長享の乱の勝者である山内上杉氏はそこには至らず、伊勢宗瑞の子孫である小田原北条氏に取って代わられることになる。越後でも、守護代長尾為景の「下剋上」により、その担い手は越後上杉氏から長尾氏へと替わった。以下、章を改めて経緯を見ることとしよう。

長尾為景と関東

為景の「下剋上」

越後上杉氏の在国支配

京都を離れ越後に在国するようになった守護上杉房定は、関東の政争に深く関与するだけでなく、文明年間（一四六九～八七）に数度の検地を実施するなど、支配体制の整備にも努めていた。房定は明応三年（一四九四）に亡くなるが、跡を継いだ房能も、段銭賦課の基本台帳を郡単位で作成し対象面積を大幅に増やす、守護の判物（発給者が花押を据えて所領安堵などを行った文書）による承認のない郡司（郡支配担当者）不入特権を否定する、料所代官の排他的支配を規制するなど、守護権限の強化に努めた。

これらの政策は、個々の領主の既得権益を侵害するものであり、明応九年には阿賀北小泉荘（新潟県村上市）の国衆本庄氏の反乱が起き、房能は鎮圧に失敗している。守護代・郡司の地位にある長尾氏一族にとっては、自らの権限が強まる面もあったが、同時に、守護料所を所領と一体となって管理・支配してきており、既得権の侵害につながるものでもあった。特に、政策推進の主体が千坂氏ら房能近臣だったと考えられることから、その危惧は強かった。そこで守護代長尾能景は、古志郡司長尾房景とお互いの知行地の不入特権を認めあう約束を交わした。

一方で、能景は房能を支える姿勢を変えず、房能も邸宅を新築し上条上杉氏から定実を養子に迎えて娘の聟とする余裕を見せていた。また先述のように、永正元年（一五〇四）には兄の関東管領上杉顕定の求めに応じ、能景率いる軍勢を関東に派遣し勝利を得ており、その支配は順風満帆に見えた。

為景のクーデター

永正三年（一五〇六）九月、長尾能景が越中般若野（富山県砺波市）で一向一揆に敗死すると、状況に変化が生まれた。跡を継いだ嫡子の為景は、房能との対決姿勢を鮮明にし、翌年八月軍勢を率いて房能を襲った。江戸時代に書かれた軍記物『鎌倉管領九代記』には、房能が「佞人の讒を信じ」為景を討つ支度をしていたところ、為景が先手を打ったとある。為景には、このころ京都から越後に拠点を移してきた扇谷上杉氏の一流、八条上杉氏との確執があったともされており、それとも関わっていたのかも知れない。急襲を受けて房能の軍勢は四散し、近習・近臣ばかりが残ったという。やはり房能の施策への反発は強かったのだろう。敗れた房能は兄を頼って関東に逃れようとしたが、途中の天水越（新潟県十日町市）で追っ手に包囲され、自刃して果てた。

為景は、房能の養子定実を守護に擁立した。これに反発した阿賀北の本庄時長・色部昌長らが兵を挙げたが、奥山荘（新潟県胎内市）の中条藤資・築地資茂らが為景方によって鎮圧された。なおも平林城（同県村上市）に拠って抵抗する色部昌長は上杉顕定に救援を求めたが、顕定は為景と結んで上野白井城を守る長尾景春の軍勢に阻まれて越後に向かうことができず、昌長は降伏に追い込まれた。八条上杉氏も「長尾氏一族衆若党以下数十人」（『東寺過去帳』）を討ち取るなど戦いをつづけたが、永正五年八月に八条成定が切腹し、数百人が亡くなることで抵抗は終熄した。一一月には、定実が幕府から正式に越後守護上杉氏家督の相続を認められ、為景はその補佐を命じられた。

為景がこの時期に行動を起こした理由の一つに、幕府との関係の問題があった。明応の政変後、幕府の実権を握った細川政元は実子がおらず、京兆家内部の事情から澄之（前

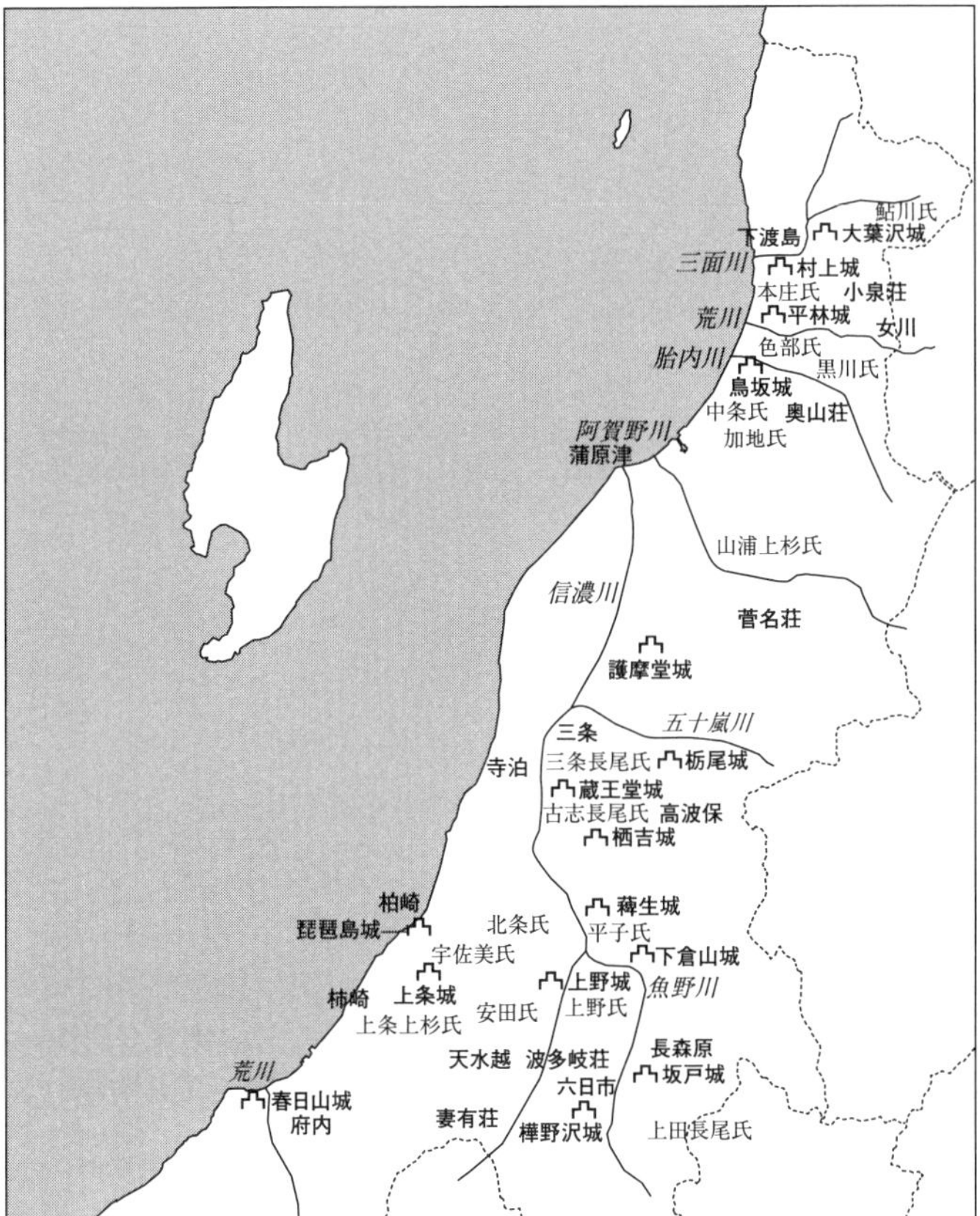

図８　戦国時代の越後要図

出）・澄元（阿波細川家出身）・高国（細川野州家出身）の三人の養子が立てられた。そこで家督相続をめぐり対立が起こり、不利になった澄之が永正四年六月、政元暗殺の挙に出た。澄元は高国と結んで八月に澄之を滅ぼしたが、この混乱に乗じて前将軍足利義材が周防大内義興の支援のもと上洛を図ると、高国は義材と結んで澄元を京都から追い、義材を将軍に復帰させた。これが永正五年七月のことである。為景は、「下剋上」正当化のためには幕府の支持が大切と考え、おそらく上杉氏の京都雑掌神余実綱を通じてこうした流れをつかみ、高国とのつながりを図ったと思われる。クーデター敢行が澄之滅亡と同時期であり、定実の守護任命が義材・高国政権成立後となるのは、そのためだと考えられるのである。

上杉顕定の越後進攻と敗死

永正六年（一五〇九）七月、ようやく長尾景春の妨害を排除した上杉顕定は、養子の憲房とともに越後に進攻した。その勢いは激しかったようで、為景・定実は越中への避難を余儀なくされた。顕定は府内を制圧し、為景方に与した者を尋ね出して所領没収・郡内追放・打ち首など厳しく処分したという。後述する伊勢宗瑞の武蔵侵入・古河公方足利政氏と嫡子高基の抗争の再燃などの関東情勢の悪化が、早期の治安回復による関東帰還を焦らせたこともあったのだろう。しかし、越後の領主の多くは房能の施策を快く思っておらず、顕定の強硬措置は彼らの反発を招いたと思われる。

一方、為景・定実は、出羽の伊達尚宗や信濃の高梨政盛らに救援を依頼、阿賀北の中条・築地氏らにも合力を求めた。こうして反撃態勢を整えた為景・定実は、永正七年四月に佐渡をへて蒲原津（新潟市）に上陸した。六月六日に顕定は、古志郡蔵王堂（新潟県長岡市）で長尾房景を破り、阿賀野川以南では、三条（同県三条市）・護摩堂城（同県南蒲原郡田上町）以外は顕定方に属したと豪語していた。しかし実際には、定実の実家上条家の顕定方から為景方への転向により、為景・定実は寺泊（同県長岡市）に進出、一二日には、為景方の先鋒が椎屋（同県柏崎市）で憲房率いる顕定方と対戦して勝利し、さらに越後府内へ向かった。劣勢となった顕定は、関東に引き返すべく府内から撤退したが、二〇日に途中の長森原（同県南魚沼市）で為景・高梨政盛の軍勢に遭遇、討死の憂き目に遭った。

憲房は妻有荘（新潟県十日町市）で立て直しを図っていたが、父の死を知り上野白井城に撤退した。八月になって憲房は、ことの顚末を幕府に伝え、房能・顕定の「両代の主人」を滅ぼした為景を「追伐」してほしいと要請した（〈永正七年〉八月三日付上杉憲房書状〈『武家事紀』〉)。しかし、細川高国はすでに、出羽に徘徊する「越後牢人」を定実ととともに討つよう伊達尚宗に命じており、憲房の要請は黙殺した(〈永正七年〉七月二四日付細川高国書状〈伊達家文書〉)。

「関東管領・古河公方秩序」の分裂

それでは、長享（ちょうきょう）の乱に勝利し、新たに「関東管領・古河公方秩序」を築いたはずの上杉顕定を焦らせた「関東情勢の悪化」とは、どのようなものだったのか。

古河公方家・山内上杉家の内紛

まず、古河公方家での政氏・高基父子間の抗争がある。このころの古河公方家は、父と嫡男の間で権限を分有する「両上様」体制がとられていたが、高基は父からの自立を図り、永正三年（一五〇六）四月に古河を去り、岳父宇都宮成綱（うつのみやしげつな）のもとに身を寄せた。顕定が「このままでは関東の破滅の基となる」と両者の調停に乗り出すと、支持勢力の糾合が思うように進まなかった高基は、翌年八月に調停を受け入れ古河に戻った。顕定は、自らの本気度を示すため、出家して可諄と号した。しかし抗争は再燃し、またも顕定が調停に乗り出して永正六年六月に和議を成立させた。これにより顕定はようやく越後に出陣できたのだが、重しの弱まった高基は翌年六月、利根川水運の要衝であり古河公方重臣梁田氏の本拠でもある関宿（千葉県野田市）に移り、政氏との争いを再開した。側近として仕えていた梁田高助が家督を継いだことが、これを可能にしたとされる。さらに弟の雪下殿（鶴岡八幡宮若宮別当）空然が、武蔵太田荘（埼玉県久喜市）で蜂起し抗争に加わった。こうした情報は、ただちに勧農城（栃木県足利市）の城主長尾景長により顕定に伝えられ、顕定の焦りを募らせたのである。

山内上杉家でも、顕定の死を契機に家督争いが起こった。顕定には男の実子が生まれず、憲実の孫で従兄弟に当たる憲房を養子に迎えた。既述のように、憲房は越後進攻で顕定を支えるなど重要な役割を果たしていた。ところが、「関東管領・古河公方秩序」が成立すると、両者間の絆を強めるため、政氏の弟（あるいは子息）である四郎顕実を新たに養子に迎えた。「四郎」という仮名と「顕」という通字は、山内上杉氏嫡流を表すものであることから、顕定は顕実を山内上杉氏の家督に就けようとしていたと考えられる。これに対し、最後まで顕定と行動をともにした憲房は、後継者の地位を主張しはじめ、両者間の対立抗争が始まった。

分裂抗争の拡大

顕実は実家の政氏と連携し、憲房は政氏と対立する高基と結んだ。さらに宇都宮家内部で、高基の後ろ盾となっていた宇都宮成綱に対し、政氏派の重臣芳賀高勝が隠居を迫り、息子の忠綱を当主に据えるという事件が発生した。成綱は娘婿の高基の支援を受けて巻き返しを図り、高勝の殺害に及んだ。芳賀氏側も反撃し「宇都宮錯乱」と呼ばれる内紛が勃発した。内紛には周辺の高基方と政氏方の武将がそれぞれ介入し、政氏・高基間の抗争と連動してなかなか決着しなかった。

こうして、政氏・顕実方と高基・憲房方間の武力抗争は広域に拡大していった。永正九年（一五一二）には顕実が新田荘（群馬県太田市など）に出陣したが、高基・憲房方の長尾景長らに撃退され、さらに本拠としていた鉢形城まで落とされてしまった。顕実は政氏を頼り古河城に逃れたが、その古河城も持ち堪えることができず、政氏は自派の小山氏が拠る祇園城（栃木県小山市）に脱出した。これを機に、憲房は山内上杉氏の当主・関東管領となり、景長が山内上杉家家宰の地位に就いた。高基も梁田高助の協力のもと関宿城から古河城に入った。

しかし政氏は、小山氏や扇谷上杉朝良らの支援を受け、小山城を拠点に古河公方としての活動を止めなかった。また、宇都宮氏と敵対する常陸の佐竹氏や南奥の岩城氏らを味方に引き入れ、高基・宇都宮氏と対峙した。永正一一年には宇都宮竹林（栃木県宇都宮市）で、永正一三年には上那須縄釣（栃木県大田原市）で、宇都宮方と佐竹・岩城方の戦闘が行われ、ともに宇都宮方の勝利に終わった。すると、小山氏は政氏方から高基方に転向し、居場所を失った政氏は、残る支持勢力である扇谷上杉朝良を頼り岩付城（さいたま市岩槻区）へと移った。これにより、政氏・高基間の抗争は決着がついた。

小弓公方の成立

しかし、古河公方家の内紛が終わったわけではなかった。先に高基方として蜂起した空然が、政氏から後継者に指名され、還俗して義明と名乗り、高基に対抗する動きを始めたのである。義明は、呼応した上総の真里谷武田氏に招かれ小弓城（千葉市中央区）を本拠としたことから、小弓公方と呼ばれた。

その真里谷武田氏は甲斐武田氏の一族で、初代の信長が古河公方足利成氏に仕え、上総入部を命じられたことに始まり、このころは真里谷城（千葉県木更津市）を拠点に上総の大半を支配していた。対抗する下総千葉・原氏が高基方だったことから、真里谷武田氏は義明方となり、相模を制して房総進出を図る伊勢宗瑞の支援を受け、原氏の本拠小弓城を奪ったのが、永正一四年（一五一七）のことだった。こうしたなかで、足利義明を迎えたのである。これに対し高基は、永正一六年に自ら上総に出陣するなど義明を牽制したが、義明も関宿城攻撃を図り、両者の対抗関係が顕著になっていった。

このように、鎌倉府による広域支配の枠組は破綻していたものの、各地で抗争していた勢力にとって、「公方」「管領」の肩書きは自らを正当化する旗頭としての意味を失っていなかった。こうした基盤があるかぎり、「公方」「管領」の地位をめぐる争いは繰り返されることになるのである。

小田原北条氏の台頭

伊勢宗瑞の相模・武蔵進出

上杉顕定を焦らせたもう一つの「関東情勢の悪化」は、伊勢宗瑞の相模・武蔵進出だった。長享の乱で扇谷上杉氏と結び、山内上杉氏と対抗した宗瑞は、乱終結後は上杉方から離反し、顕定が越後に進攻すると、長尾為景と結んで敵対行動を始めた。永正七年（一五一〇）五月には山内上杉方の武蔵椚田城（東京都八王子市）を入手、相模でも扇谷上杉方への攻撃をはじめた。

これに対し、扇谷上杉朝良は、関東に帰陣した山内上杉憲房の援軍を得、宗瑞方に転じた相模守護代上田蔵人の権現山城（横浜市神奈川区）を攻めて蔵人を城から追い、さらに相模に攻め込み小田原城に迫った。宗瑞は、このころ遠江守護斯波氏と争っていた今川氏親を助ける必要があったため、朝良との和睦を受け入れざるをえなかった。

しかし、古河公方家・山内上杉家の内紛が激化すると、情勢は変わった。足利政氏・上杉顕実方と足利高基・上杉憲房方の武力衝突が本格化した隙をついて、宗瑞は永正九年八月、扇谷上杉方の重臣三浦道寸の拠点である相模岡崎城（神奈川県伊勢原市）を攻略し、その勢いで鎌倉を奪取した。さらに永正一三年には、道寸の立て籠もる三浦半島の三崎城（神奈川県三浦市）を落とし、相模一国の制圧に成功した。前述のように、この直後、宗瑞は真里谷武田氏と提携して上総に進攻しており、すでに江戸湾の海上支配権を押さえて三浦氏を孤立させていたと考えられる。

北条氏包囲網の形成　宗瑞は永正一六年（一五一九）に亡くなり、嫡子氏綱は、民政用の文書として虎印判状の発給を開始したり、相模で代替わり検地を実施するなど、本格的な領国支配体制作りを開始した。また、大永三年（一五二三）ころには名字を「伊勢」から「北条」に替えており、鎌倉幕府の執権と同じ「北条」を称することにより、関東支配の意図を明確にしたと考えられる。実際、氏綱は、相模津久井城（神奈川県相模原市）の内藤氏、武蔵滝山城（東京都八王子市）の大石氏、武蔵勝沼城（同青梅市）の三田氏らを味方に引き込み、南武蔵侵入を図った。さらに氏綱は、太田道

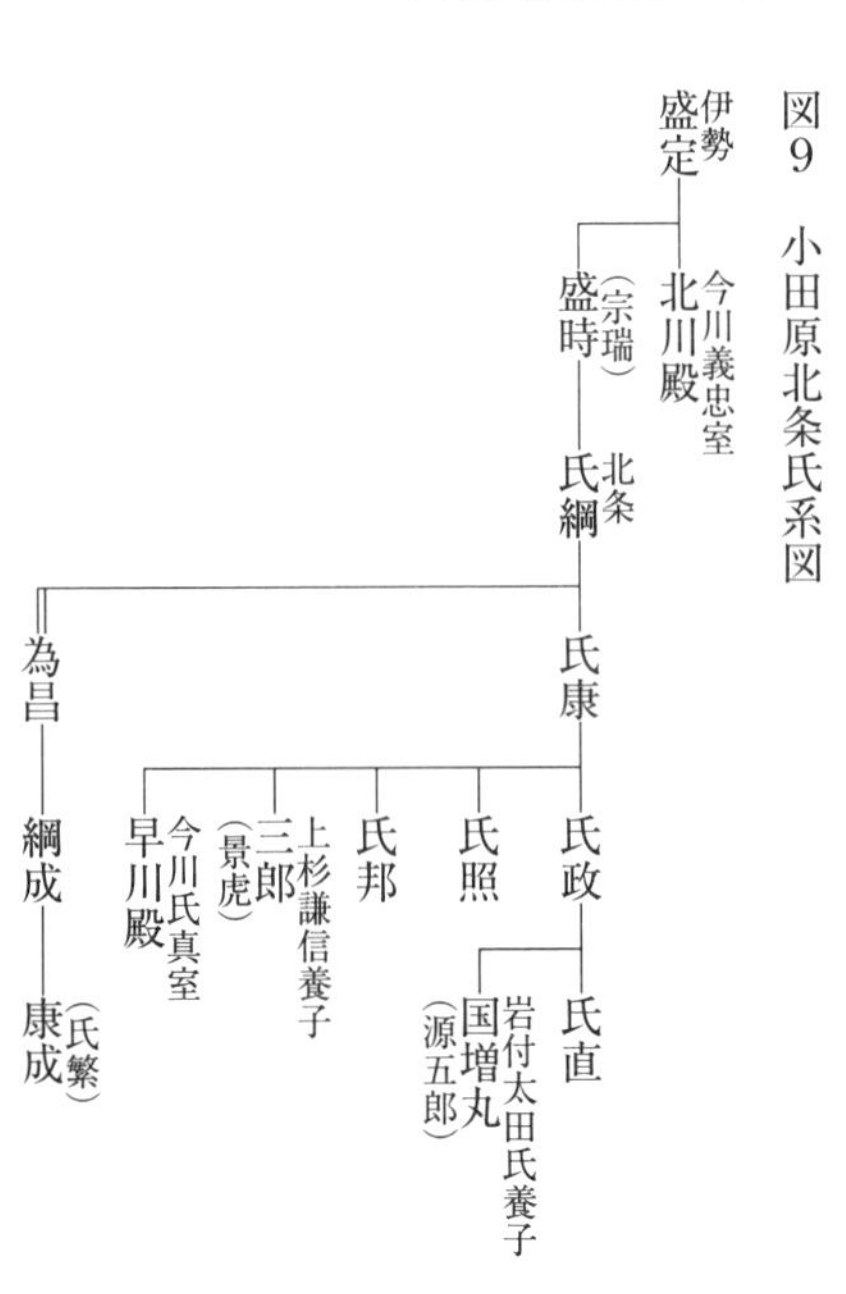

図9　小田原北条氏系図

灌の孫である資高と結び、大永四年に江戸城を奪取、勢いを駆って岩付城・蕨城（埼玉県蕨市）・毛呂城（同県入間郡毛呂山町）も攻略した。

これに対し、扇谷上杉朝興（朝良の養子）は、「他国之凶徒」が蜂起して関東は破滅に追い込まれようとしていると各地に檄を飛ばし、北条氏包囲網の形成に努めた。大永四年に山内上杉憲房と和議を結び、翌年には憲房の支援を受けて岩付城・毛呂城を奪回した。また、大永六年には真里谷武田氏・安房里見氏が江戸を攻撃、さらに里見方は鎌倉に乱入して鶴岡八幡宮を焼き、朝興の蕨城奪還を支援した。

北条氏包囲網は、さらに関東を越えて広がった。天文二年（一五三三）に朝興の娘が甲斐の武田信虎嫡子晴信に嫁ぎ、天文六年に今川義元に武田信虎の娘が嫁いで「駿甲同盟」

が成立したのである。これまで見てきたように、今川氏は北条氏の主筋に当たり、宗瑞が自立した後も相互に協力しあってきた。それが変化する出発点は、天文五年に起きた今川家の「花倉の乱」だった。二四歳で急死した氏輝（氏親の嫡子）の後継をめぐる、僧籍に入っていた二人の弟梅岳承芳（後の義元）と玄広恵探の間の抗争である。氏綱は承芳を支援し、家督相続に貢献した。ところが義元は、敵対していた武田氏との同盟＝北条氏との敵対に、外交路線を転換した。具体的理由は不明だが、ますます強くなった駿河への北条氏の影響力を排そうとして、信虎の誘いに乗ったのだろう。

北条方の反撃と第一次国府台合戦

北条方の反撃は、安房里見氏・真里谷武田氏の内紛への介入から始まった。天文二年（一五三三）に里見氏嫡流の義豊と従兄弟の義堯、武田氏嫡流の信清・信応と庶子の信隆の抗争が始まり、氏綱は庶流を支援して房総に軍を派遣した。里見氏の内紛は義堯の勝利に終わったが、真里谷武田氏の内紛は小弓公方足利義明の介入により、嫡流方の勝利で収拾された。しかし長期的に見れば、小弓公方の最大の支持基盤である真里谷武田氏の弱体化をもたらすことになった。

また天文六年、朝興の死により扇谷上杉家を継いだ朝定は、里見義堯が小弓公方方に転じるなど、房総で北条方の旗色が悪くなったのを見て、深大寺城（東京都調布市）を再興して前進基地とするなど、南武蔵での攻勢を強めた。しかし氏綱は、ただちに反攻し河越(かわごえ)城(じょう)を奪取、さらに葛西城(かさいじょう)（同葛飾区）を攻略して、本格的房総進出の拠点とした。西方では、駿甲同盟成立直後に報復として駿河に侵攻し、数日間で富士川以東を占領した（河東一乱(かとういちらん)）。それは、この地域への宗瑞以来の影響力の強さを物語るものだが、これを通じて今川氏に対する主家意識を払拭し、親室町幕府の立場を断ち、関東に根ざした戦国大名としてのアイデンティティを確立したことも重要である。

一方、真里谷武田氏の内紛解決に自信を得た足利義明は、余勢を駆って古河公方への攻勢を強め、天文七年一〇月に里見義堯らとともに関宿城攻撃を目指し、下総国府台(こうのだい)（千葉県市川市）まで出陣した。高基の跡を継いだ古河公方足利晴氏(はるうじ)は、それまでの行きがかりを捨て北条氏綱に救援を求めた。氏綱は好機到来とばかり嫡子氏康(うじやす)とともに出陣し、両軍は国府台北の松戸(まつど)相模台（同県松戸市）で衝突した。激戦だったようだが、義明はじめ嫡子義純(よしずみ)や弟基頼(もとより)・重臣逸見祥仙(へんみしょうせん)らが戦死し、北条方の完勝で終わった。里見義堯は最初から乗り気ではなく、戦わないまま安房に逃れた。これにより、小弓公方は事実上滅亡し、真里谷武田氏も衰亡していった。勝利した側の古河公方も、氏綱の軍事力に依拠したものだったため北条氏への依存が強まり、足利晴氏は氏綱の娘を嫁に迎えることとなった。

上杉憲政の攻勢と河越合戦

北条氏は宗瑞の鎌倉占領以来、関東の覇者の地位を誇示するため、いく度も戦禍に見舞われ荒廃した鎌倉の再建に努めていた。三浦氏を破り鎌倉に入った宗瑞は、初めて鶴岡八幡宮に参詣し、「枯る樹に又花の木を植え添て本の都に成てこそ見め」（「快元僧都記」〈『群書類従』所収〉）と詠じたとされる。さらに氏綱は、大永六年（一五一六）の里見軍の乱入により上宮などを損壊した鶴岡八幡宮の造営事業に着手し、天文九年（一五四〇）に上宮正殿の正遷宮式を迎えるに至った。翌年氏綱は亡くなり、嫡子の氏康が家督を相続した。氏康は、さっそく相模・武蔵・伊豆で代替わり検地を実施するなど、支配秩序の整備に努めた。

図10　北条氏康像（早雲寺所蔵）

それに対し、享禄四年（一五三一）に関東管領となった上杉憲政（憲房の嫡子）は、いまだ二〇歳前の若者だったが、反北条氏の意気に燃えていた。鶴岡八幡宮の造営事業に際しても、神主自ら申し出るならば応じようとして、氏綱の協力要請を拒否している。憲政は、北条家当主交代の隙を突こうと、天文一〇年に扇谷上杉朝定とともに河越城を攻撃し撃退されたが、その後も氏康を討滅し家運を回復することを誓う願文を、鹿島神宮に納めている。

実際、憲政は北条氏包囲網の再建に取り組んだようで、天文一三年には里見義堯が北条方と戦っている。翌一四年九月には、今川義元が河東一乱による失地の回復を目指し、北条方の吉原城（静岡県富士市）を攻略、さらに駿豆国境の長久保城（静岡県駿東郡長泉町）を包囲した。氏康は軍を率いて救援に向かったが、武田晴信が義元の援軍として駿河に出張、氏康は三島への退却を余儀なくされた（第二次河東一乱）。

憲政はチャンス到来とばかり、時を同じくして扇谷上杉朝定とともに砂窪（埼玉県川越市）に出陣、河越城を包囲した。さらに、扇谷上杉氏重臣の難波田弾正・小野因幡守を通じ、古河公方足利晴氏に出陣を要請した。小弓公方との戦いでは北条氏の助けを借りた晴氏だったが、このままではいずれ北条氏に滅ぼされると説得され、自らの出陣を決意した。軍記物では、古河公方の指令に応じ関八州の軍勢八万騎が結集したとされる。これに対し、河越城を守る北条綱成の兵は、わずか三〇〇〇に過ぎなかった。

東西からの圧迫を受けた氏康は、武田晴信を通じて今川義元に講和を求め、長久保城の放棄、駿河からの撤退という屈辱的条件だったが、ともかく和議を成立させた。氏康はただちには動かず、岩付城主で扇谷上杉氏重臣の太田資顕（すけあき）を内通させるなどの切り崩し工作を行った上で、翌一五年四月、八〇〇〇騎を率いて河越に向かった。

氏康の語るところでは、城兵の助命要求を上杉方が拒否したのをきっかけに開戦となった。激戦が展開されたが、結果は北条方の完勝だった。山内上杉勢は馬廻衆（うままわりしゅう）三〇〇〇人が討ち取られ、憲政は本拠の平井城に敗走した。扇谷上杉勢は当主の朝定・難波田弾正・小野因幡守がいずれも戦死し、扇谷上杉家は滅亡した。足利晴氏は古河城に逃亡した。しかし、戦死者の大半は両上杉氏関係者であり、他の軍勢は早々に戦場を去ったようである。考えてみれば、河越城包囲が半年以上に及んだにもかかわらず、本格的攻城戦は行われていなかった。それは、包囲側の戦意の低さによるとしか考えられず、結局、古河公方により動員された関東の将兵にとって、この戦いは多大な犠牲を払う価値のないものだったのである。

北条氏の覇権確立　北条方は、勢いを駆って松山城（まつやまじょう）（埼玉県比企郡吉見町）を奪取し、武蔵北部にまで勢力を拡大した。すると武蔵国衆は、太田資顕だけでなく、天神山城（同県秩父郡長瀞町）の藤田康邦、忍城（同県行田市）の成田長泰、深谷城（同県深谷市）の庁鼻和上杉憲賢らが、つぎつぎと北条氏に服属した。彼らは郡規模の所領を有する自立的領主であり、古河公方・関東管領に従ってきたのは、もはや伝統的権威というより、彼らの地位を保障する力＝器量の有無を判断してのことだった。だから、敗者となった足利晴氏・上杉憲政を見捨てるのに躊躇はなかったのである。

憲政は上野平井城で再起を図ったが、武田晴信の侵攻を受けた信濃葛尾城（長野県埴科郡坂城町）の村上義清の求めに応じ、天文一六年（一五四七）に信濃に出陣して大敗を喫し、さらに権威を失墜した。これにより、国峰城（群馬県甘楽郡甘楽町）の小幡憲重ら上野の国衆も、北条方に鞍替えして平井城を攻撃、ついには馬廻衆も憲政を見捨てて天文二一年に平井城から追放した。憲政は金山城（同県太田市）の由良氏や足利城（栃木県足利市）の足利長尾氏を頼ろうとしたが拒否され、やむなく、祖父顕定を討った仇敵長尾為景の息子景虎を頼り、三国峠を越えて越後に向かった。足利晴氏は、なおも古河公方の地位に留まっていたが、憲政が越後に逃亡すると北条氏康の圧力に屈し、氏綱の娘との間に生まれた義氏に家督を譲って隠退した。

為景政権の展開と越後の享禄天文の乱

永正の乱

北条氏が関東で台頭していたころ、越後の長尾為景は何をしていたのだろうか。実は、前節の「北条氏包囲網の形成」で紹介した、扇谷上杉朝興の「他国之凶徒が蜂起せしめ関東は破滅し嘆いても余りある次第」（〈大永五年〉三月二三日付上杉朝興書状〈上杉家文書〉）という文言は、為景に宛てた書状に書かれていたものだった。つまり、朝興は為景にも救援を求めていたのである。しかし為景は動かなかった。むしろ、上杉顕定の越後侵入以来、為景と北条氏綱の利害は反上杉氏で一致しており、このころも書状などを通じて情報を交換しあっていたのである。為景は古河公方・関東管領とも交流があったようで、晴氏の元服に際しては、幕府とのコネを使って将軍義晴（よしはる）からの偏諱（へんき）授与の仲介を行っている。しかし、つながりは儀礼レベルにとどまり、その後も関東に軍事行動を起こすことはなく不介入政策をとった。

為景が力点を置いたのは、越後支配の安定化と越中への進出だった。内政での一番の懸念は、守護に戴いた上杉定実の動向だった。実権を為景に握られていた定実は、「身の回りの世話に宛てられた者どもの態度は、話にならないほど悪い。宿直を一度もしない者もいる。このことを奉行人に話しても、私のひいき心のせいだと取り合ってくれない」（〈永正九年〉正月二七日付上杉定実書状〈上杉家文書〉）などと不満を吐露していたが、やがて、琵琶島城（新潟県柏崎市）の城主宇佐美房忠を通じて、阿賀北衆や信濃の島津氏などに対し、反為景工作を始めた。

永正一〇年（一五一三）七月、房忠は柿崎の小野城（新潟県上越市）を拠点に挙兵、島津氏も関川口（同県妙高市）から越後に侵入した。さらに、為景が房忠討伐に出陣した隙を突いて、一〇月に定実が府内を抜け出し春日山城（同県上越市）に籠もった。定実・為景双方とも阿賀北衆に出陣を求めたが、彼らは様子見をしながら共同歩調をとろうと約束しあい動かなかった。為景方の上田長尾房長・房景が、おそらく顕定戦死後も越後に残っていた守護方の牢人衆に上田口（同県南魚沼地方）で大勝すると、形勢は傾いて定実は府

図11　春日山城跡（上越観光コンベンション協会提供）

内に連れ戻され、為景は再度房忠討伐に向かった。翌年早々には、六日市（同県南魚沼市）で為景方が守護方を襲い、上杉一門の八条左衛門佑や上杉氏被官の飯沼・石川氏ら一〇〇〇人余りが討取られた。これにより大勢は決し、直後に小野城が陥落、宇佐美房忠は一族ともども討ち死した。定実は守護の地位を奪われることはなかったが、権限のない傀儡と化し政治の舞台から一時消えるのである。

越中進出

こうして越後国内の安定を得た為景は、本格的に越中進出に乗り出すようになった。為景にとって越中は、父能景が一向一揆によって殺された因縁があった。越中は畠山氏の分国で、守護代の遊佐・神保・椎名氏らが統治を行っていたが、明応の政変で義材派の畠山政長を自害に追い込んだ細川政元は、本願寺と結び加賀一向一揆に越中を攻めさせた。畠山方の援助要請により能景は出陣したが、神保慶宗の戦線離脱のため般若野の戦いで討ち死の憂き目に遭ったのである。

為景は永正一三年（一五一六）に単独で出陣し、越中勢の反撃に遭って退却したが、その後、神保慶宗が一向一揆と結んで畠山氏から自立する動きを見せたため、越中国内は内乱状態に陥った。

そこで、守護の畠山尚順（政長の嫡子）は為景に援助を要請し、勝利の暁には一郡を与えると約束した。為景は永正一六年に再度出陣し、慶宗の立て籠もる二上山守山城（富山県高岡市）を包囲したが、畠山勢との連携がうまくいかず、いったん越後に引き返した。翌年、為景はまたも越中に出陣、畠山尚順が加賀一向一揆に不介入の約束を取り付けたこともあり、万全の態勢で慶宗を滅亡させた。

これにより越中の内乱は収束され、為景は越後と接する新川郡（富山県の神通川以東）の守護代職を獲得した。その後も加賀一向一揆との争いが続き、為景は無碍光衆（一向宗門徒）を対象とした禁制を出している。しかし大永三年（一五二三）には、細川高国の斡旋により和睦が成立し、為景の新川郡支配も追認されることとなった。

「近所の儀」の動揺と国衆の動向

こうした流れのなかで、国衆たちの立場は微妙だった。彼らは自立して所領支配を行っており、為景との間に主従関係があったわけでもない。越中進攻には長尾房景や中条藤資も従軍したが、それは軍役義務ではなく「合力」要請に応じたものだった。彼らが上位権力に求めたのは自らの地位の保障であり、その能力の有無の判断が行動を決定していた。また、房能の滅亡に見られるように、過度の干渉・統制には反発した。しかしその一方で、上位権力への依存を強めざるをえない事情も生まれていた。

在地社会においては、「近所の儀」と呼ばれる自律的秩序維持の慣行が古くから存在していた。蒲原郡代の一族と見られる山吉景盛が、古志長尾氏被官の只見助頼と、逃亡下人・罪人がお互いの領内に逃げ込んだ場合に、「御近所之義」（年未詳五月二五日付山吉景盛書状〈上杉家文書〉）なので万端申し合わせて解決することを約束しあっているのは、その一例である。しかし、「近所の儀」では紛争を解決できない事態も生まれていた。永正の初めごろ（一五〇〇年代）、古志郡高波保（新潟県長岡市）に所領を持つ伊予部伴四郎と只見助頼の間で紛争が生じ、只見方が伊予部領内に乱入して、放火や山野竹木の伐採などの乱暴を働き占拠した。伊予部氏は府内に訴訟を持ち込んだが、助頼は伊予部方に落度があり「御近所」にある地の問題でもあると主張し、裁判に応じようとしなかった。これに対し、守護奉行人の大熊政秀は、所領問題については「国中御法」を定めてあるので、「太法」に任せて係争地を伊予部氏に渡すか、参府を遂げて弁明するよう命じた（年未詳一一月五日付大熊政秀書状〈上杉家文書〉）。

また永正一六年には、信濃川の支流五十嵐川（新潟県三条市）の漁業権をめぐり、古志長尾房景と近隣の五十嵐豊六との間で紛争が起きた。そこに近隣の下田長尾景行が、「近所之義」（〈永正一六年〉極月二一日付長尾景行書状〈上杉家文書〉）だからと仲裁に入り、漁業権のシンボルである「網鑰」を預かった。景行は、これは「諸人存知」の「公理」であり「越度」ではないと主張し、房景も「余儀なし」と従った。ところが、景行がいつまでたっても「網鑰」を返さなかったため、房景は五十嵐方に荷担しているのではと疑い、佐橋荘北条（新潟県柏崎市）の毛利広春を通じて為景に提訴した。為景からは、雪が消えたら検見をして境界を画定するとの返事を得た。

このように、利害対立が深まったためか、「近所の儀」では紛争は解決できなくなり、上位権力による法・裁判を通じた解決への依存が強まってきていたのである。こうした変化を踏まえ大永六年（一五二六）には、不穏な動きの見えた蒲原郡の国衆新津・千田・豊島氏が、「殿様」（為景）に対し、後ろ暗いことなく家臣同様に忠節を尽くすことを約束する起請文を提出した。また、阿賀北の本庄・色部・中条・黒川氏も、例え他の者が不義をしても、為景に弓を引くことなく、国役などを果たすことを約束する起請文を提出している。ことに府内長尾氏と最も近しい中条藤資は、与力や親類が訴訟を起こしても、ひいきすることなく府内の決定に従うことを約束している。

こうして国主の地位を固めた為景は享禄元年（一五二七）、前述した足利晴氏への偏諱授与斡旋と時を同じくして、将軍足利義晴より毛氈鞍覆・白傘袋の使用を許可された。これは本来は守護および将軍の御供衆にのみ許されるものだった。また、嫡子道一丸は偏諱が授与され、「晴景」と名乗ることになった。偏諱授与は将軍直臣にのみ認められる原則があり、これらにより府内長尾氏は、格式としても越後守護上杉氏と肩を並べたのである。それは、定実の傀儡化の帰結だったともいえよう。

享禄天文の乱の勃発

このように、為景は順調に領国支配を展開しているように見えたが、国衆たちの不満が消えたわけではなかった。それが再燃する契機となったのは、享禄三年（一五三〇）に起きた定実実家の当主上条定憲の挙兵だった。ここから長尾景虎の覇権確立まで、二〇年に及ぶ越後の享禄天文の乱が展開することになるのである。

定憲は、永正の乱では定実に合力しようとして機会を失してしまったが、守護奉行人大熊政秀の工作により、ここに至って反為景の兵を挙げたのである。為景はただちに討伐に向かい、幕府には定憲への加勢を禁じる文書を、定実など各方面に発給してもらった。定憲への同心を噂された阿賀北の本庄房長に対しては、色部憲長を通じ、為景に対して疎意のないことを誓わせた。翌年には、本庄・色部氏だけでなく、多くの阿賀北衆や上杉一門の山本寺（三本寺）氏、古志長尾氏らによる討伐軍が組織され、為景の思いどおり乱は鎮定されるかに見えた。

ところが、ここで思わぬ状況の変化が生まれた。この年六月、為景が後ろ盾と頼む細川高国が、細川晴元・三好元長との畿内政権争奪戦に敗れ自刃したのである。阿賀北でも不穏な動きが見られたらしく、八月には小泉荘の秩父氏一族である本庄・色部・鮎川・小河氏が、相互の団結を確かめあう起請文を交換している。具体的には、お互いの間では隠し事をせず情報を交換しあい、問題が生じたら相互の交渉で解決する、外部からの分断・干渉には絶対応じない、府内からの命令には一致して対応する、お互いの家中の反逆者は団結して処分することだった。家中内・国衆間・対府内など、あらゆる関係が不安定であり、いつ軍事衝突が起きてもおかしくなくなっていたのである。為景は一〇月、比較的忠実な村山・上野氏ら上中越の武将を春日山に在城させ、乱が沈静化したら過分の地を宛行うと約束した。しかし、敵味方が不分明で与えるべき闕所が決められないとしているように、ここでも状況は混沌としていた。

為景の隠退と内乱の収束

天文二年（一五三三）九月に上条定憲が再挙兵し、本拠の上条城（新潟県柏崎市）に程近い北条城（同市）を攻めた。北条輔広・安田景元らが撃退し、翌三年には為景が景元に上条城攻撃を命じ、景元らは納下（同市）で上条方と戦った。

しかし、これで事態が収拾されたわけではなかった。天文四年正月には、長尾房長が上条方に付き、上田衆を率いて為景方の福王寺孝重が守る下倉山城（同県魚沼市）を攻めた。孝重はなんとか支えたものの、為景は援軍・兵粮を送る余裕がなく、五月には房長はじめ魚沼地方の妻有衆や藪神衆らが上条城に集結する状況が生まれた。

これに対し為景は、朝廷に紛失した「御旗」を新調してもらっているが、情勢を好転させることはできなかった。六月には、本庄・色部・中条氏ら阿賀北の「奥山・瀬波之衆」〈天文四年〉六月二五日付上条定憲書状（『歴代古案』）が、定憲の動員に応じて信濃川河口の蒲原津まで出張ってきた。さらに九月には、上田衆・藪神衆らが古志長尾景信の拠る蔵王堂城の攻撃にかかり、会津の蘆名氏も上条方に味方して菅名荘（新潟県五泉市）に進出した。

為景方は下倉山城や蔵王堂城を守るのが精一杯で、翌五年二月に朝廷より「治罰の綸旨」を発給してもらったものの効果はなく、八月に為景は長男晴景に家督を譲渡し隠退した。しかし、府内長尾氏から越後政治の主導権を奪おうと狙う上田長尾房長は、なおも攻勢の手を緩めず、下倉山城の危機は続いた。そのため晴景は、和睦の手段として房長の嫡子である政景に妹を嫁がせることを約束した。これにより、房長は優勢を維持しつつ停戦に応じたようである。また晴景は、上杉定実を守護に復帰させ、自らは守護代として補佐する立場をとった。これにより上条定憲も矛を収めたようで、その後は目立った動きが見られない。晴景は阿賀北の国衆に対しても、加地春綱に妹を嫁がせ和睦を図った。すると、もともと親府内長尾派だった中条藤資を皮切りに、本庄・色部・鮎川・小河氏らも講和を受け入れた。これらの動きには為景も関わっており、依然実権は彼が握っていたと思われる。為景の没年には諸説があるが、天文一〇年ころと思われる。息子景虎の回想によれば、父の葬儀には甲冑を着けて参加しており、まだ戦火は収まっていなかった。

紛争の要因が新しく生まれていた。上杉定実の養子をめぐる問題である。定実には男の実子がおらず、かねて養子を迎える意向があったが、守護復帰を契機として急速に話が進んだ。候補となった陸奥守護伊達稙宗の三男時宗丸（実元）は、伊達尚宗に嫁いだ定実の娘の孫で、彼にとっては曽孫に当たるとされる。天文七年（一五四八）一〇月には、時宗丸を迎える費用調達のため頸城郡で段銭が徴収されており、すぐにも実現されると思われた。

上杉定実の養子問題と伊達氏の阿賀北侵攻

一方、阿賀北の国衆のうちでは、立場が分かれていた。積極的だったのは、蘆名氏と対立する伊達氏に合力して府内への申し入れを取り次ぐなど、以前より伊達氏とつながりが強かった中条氏だった。これに対し本庄・色部氏らは、伊達氏を背景とする中条氏の地位上昇を懸念し、入嗣に消極的だった。そのためか、事はなかなか進まなかった。業を煮やした稙宗は翌八年九月、突然小泉荘に兵を送り本庄・鮎川氏の城を攻めた。本庄房長らは庄内の大宝寺（山形県鶴岡市）に逃れたが、一族の小河長資・鮎川清長が伊達方に寝返り、阿賀北は一時伊達勢に占拠された。

為景ははじめ、中条氏からの「異状なし」という虚報により状況を把握できていなかったが、事情が明らかになると、またも朝廷に「治罰の綸旨」を発給してもらい事態の収拾を図った。稙宗は、これを重く見たのか、あるいは時宗丸の入嗣に消極的な嫡子晴宗(はるむね)との関係から、長期在陣が難しかったためか、兵を越後から撤収させた。すると、色部・黒川氏らが孤立した中条氏の鳥坂城(とっさかじょう)（新潟県胎内市）を陥落させ、争乱は収まった。稙宗はその後も時宗丸入嗣を画策したが、天文一一年六月に晴宗との抗争＝伊達氏天文の乱が始まることにより、この件は雲散霧消してしまった。定実は落胆したのか、隠退をほのめかす起請文を晴景に提出している。

長尾景虎の覇権確立

国衆の内部矛盾

色部氏重臣出奔事件

前章「長尾為景と関東」でふれたように、阿賀北衆の立場は動揺していたが、最後は府内政権のもとに結集する道が選ばれた。最大の要因は、享禄四年（一五三一）の起請文に書かれたような内部矛盾が深刻化していたことである。それが表面化した事件が、乱中につぎつぎと起きていた。

天文四年（一五三五）三月、父色部憲長から家督を継いで間もない勝長を補佐する重臣田中長義・布施家秀・早田守吉の三人が、家中（「親類家風」）の者たちから「沙汰限」（天文四年三月二八日田中長義・布施家秀・早田守吉連署起請文案〈色部氏文書〉）の家政運営を行っていると糾弾され、近隣領主の本庄房長のもとに逃げ込む事件が起きた。房長の斡旋により帰参が許されたが、三人はその際、所領や従者をめぐる争いは、たとえ主人勝長の命令があっても、家中の談合によって解決することを約束した。裁判権の帰属をめぐる主人と家中の対立が、この事件の原因であり、その独占・強化を目指す主人の意を体した重臣が、批判の矢面に立たされたのである。他にも「陣参（じんさん）」＝軍事動員のあり方が問題とされており、家中が一致団結して戦乱に対処できないでいる状況が窺われる。

さらに興味深いのは、重臣たちの約束にもかかわらず、房長の斡旋では所領問題（「所帯方」）は主人の「御分別」により解決する（「刷（あつかい）」）とされており、家中もそれを受け入れたことである。談合による紛争解決は、前に出てきた「近所の儀」と同じく、古くから在地社会で行われてきた慣行だった。家中の者が重臣を激しく糾弾したのは、その権利が奪われることへの抵抗心が強かったためと思われる。にもかかわらず、結局主人の裁判権を認めてしまったのは、それだけ所領紛争が深刻化しており、もはや談合では解決できない状況になっていたことを物語っているといえよう。ここでも、「近所の儀」の動揺と同じ事態が生まれていたのである。

本庄氏家中逃亡事件

この色部氏の事件に踵（きびす）を接し、今度は本庄氏家中で謀反を企て逃亡する者が出、逮捕者から色部氏家中にも共謀者がいるとの自白を得た。さっそく本庄房長は、色部勝長に対し、色部家中に逃げ込んだら成敗するように要請、さらに、逃亡者が出羽（でわ）との国境に近い女川（おんながわ）の小和田（こわだ）（新潟県岩船郡関川村）に集まっているとの情報を得て、討伐の人数を出すよう申し入れた。しかし、色部氏側の対応は鈍く、結局小国（おぐに）の玉川（山形県西置賜郡小国町）へと逃げ込まれてしまった。女川には須（す）貝党（がいとう）という土豪集団がいて、色部氏もうかつに手が出せず、彼らの援助により逃亡は成功したのである。

このように、阿賀北には国衆家中を越えた一揆的連帯が残っており、在地社会の慣行に基づく社会秩序の変更＝統制強化に強く反発したのである。これに対し国衆側は、相互協力により対応せざるをえなかった。同時に、家中の大勢は上位権力の統合強化を受け入れるようになっていたことも、忘れてはなるまい。この事件は、反対勢力の最後の抵抗的性格を多分に有していたのである。

下渡島事件

こうして、国衆たちは家中に対する支配権を強化していったが、同じ問題は国衆間にもあり、その解決のために国主への依存を強めざるをえなくなっていく。数年後に起きた本庄・鮎川氏間の下渡島事件は、それを示しているといえる。下渡島（新潟県村上市）は、本庄氏領と鮎川氏領の境界にあり、天文一〇年（一五四一）段階での鮎川氏の主張によれば、本領でありながら本庄氏の押領にあい、三年間「闘諍」が続いていた。ちょうど伊達氏が阿賀北に侵攻した時期に当たり、前述のように本庄房長は出羽大宝寺に避難したが、帰国途上で死亡し、後継の繁長が幼弱だったため、本庄家中内部では混乱が生じていた。この機をとらえて、鮎川氏側が反撃に出たものと見られる。しかし一方、下渡島の中で本庄氏に呼応していた者もおり、それぞれの家中がまとまっていたわけではなかった。

こうした状況の下で色部勝長が仲裁（「刷」）に入り、鮎川氏への本領返付ということで和解が成立し、本庄・色部・鮎川・小河氏の当主と家中の面々が起請文を交わしあい、府内などからどのような問題が持ち込まれても、相互の協力を守る旨を誓った。注目されるのは、家中の面々が起請文に連署していることである。それは、家中統制強化の反映ともいえるが、逆に見れば、鮎川氏本領の下渡島で本庄氏に呼応する者がいたように、「越後上杉氏と関東」の章の「中世における領域支配の限界」で指摘した、土地の支配と人の支配の乖離がここでも見られ、誰がそれぞれの家中に属するかを、あらためて確認する必要があったとも考えられる。少なくとも、家中レベルまでが契約しあわなければ実効性がなかったことは確かである。見方を変えれば、こうした事件を通じて、家中という土地の支配と人の支配が一元化した新たな領主集団が形成されていったともいえよう。

こうして阿賀北の各層は、さまざまな対立抗争を繰り返しながらも、結集と上位権力との結合志向を強めていったのである。

争乱の新局面

享禄天文の乱は新たな局面を迎えていた。権限を強める上位権力、すなわち国主の地位をめぐる争いに、はっきりと性格を変えていくのである。その軸の一方はもちろん府内長尾氏であり、もう一方は、天文二年（一五三三）の居多神社（新潟県上越市）に出された為景起請文で、「当敵」と名指しされた上田長尾氏（房長―政景）だった。すでに見たように、上田長尾氏は魚沼・古志の戦いを優勢に進めながら、為景の娘との婚姻を通じて和平に応じていた。そうしたなかで、本書の主人公である長尾景虎（後の上杉謙信）は、歴史に登場してくる。

長尾景虎の登場

景虎は、享禄三年（一五三〇）正月二一日、越後春日山城で生まれた。母については諸説あり、栖吉城主の古志長尾房景あるいは顕吉の娘とも、上田長尾房長の娘ともされている。府内長尾氏と古志長尾氏の関係からすると、前者の可能性が高いと思われるが、為景が上田長尾氏から妻を迎えていたとすれば、それはそれで興味深いことである。なお為景の嫡子である兄晴景は、生母が上条上杉氏出身の正室であり、景虎とは異母兄弟となる。

景虎は、七歳で春日山にある林泉寺に入り、住職天室光育の薫陶を受けた。多くの武家庶子のように、そのまま僧侶となる道もあっただろうが、越後の状況がそれを許さなかった。天文一二年、一四歳で病身の晴景に替わって栃尾城（新潟県長岡市）に赴き、腹心本庄実乃とともに古志・蒲原方面の統治に当たったのである。後の景虎の回想によれば、「近郡之者共」（〈弘治二年〉六月二八日付長尾宗心書状〈『歴代古案』〉）が若造と侮って攻め寄せ、防戦に及んだという。危機を乗り越えた景虎は、三条の本成寺（同県三条市）や北条の専称寺（同県柏崎市）に寺領の安堵を行うなど、秩序の回復に努めた。

兄晴景との争い

ところが、府内で思わぬ事件が起こった。晴景の重臣黒田秀忠が、反乱を起こしたのである。そのため、景虎は急遽府内に引き返し鎮圧に及んだ。晴景は景虎と相談の上で処分しようとしたが、秀忠が出家して他国に移るので許してほしいと言いだしたので赦免した。しかし、ふたたび反乱を企てたので、今度は上杉定実（さだざね）の命で黒田一類をことごとく成敗した。以上は景虎の二通の書状（上越三・五）に書かれている内容で、この果断な処置によって景虎の声望が上がり、病弱な晴景の隠退・景虎の家督相続につながったとされてきた。三〇年以上前になるが、私も『新潟県史通史編』で、そのようなことを書いている。

しかし、近年は異論も出されている。この過程全体を晴景から景虎への権力移行と位置づけるものである。それに従えば、秀忠は晴景権力の中枢として景虎に対抗したと評価される。また、隠退同然と思われていた定実は、積極的に景虎方として働いたことになる。本当に兄弟間でそのような対立があったのか疑問だが、一方で、秀忠が「反乱」を起こした理由もはっきりする。本庄実乃や古志長尾氏らの「景虎派」が勢力を伸ばしてきたことに対し、晴景側が危惧を抱いた結果とも考えられよう。

真相がどうだったかは確定しづらいが、その後、晴景と景虎が家督をめぐって対立し、『北越軍記』によれば、両派の武力衝突に発展した。晴景方は栃尾城を攻撃したが景虎方の夜討ちを受け、柿崎（かきざき）に退却しようと米山峠（よねやまとうげ）（新潟県柏崎市）を越えたところで、景虎方の追撃に遭い大敗したという。これも史料的に根拠が乏しく、事実かどうか不明だが、と

図12　長尾政景・仙洞院夫妻像（常慶院所蔵）

もかく、天文一七年（一五四八）末には定実の斡旋により両者の和解が成立し、一九歳の景虎が本庄実乃を伴って春日山城に登城した。晴景は隠退し、四年余り後の天文二二年二月に四五歳で死去した。天文一九年二月には定実も跡継ぎのないまま死去し、越後上杉家は断絶した。景虎はただちに幕府より毛氈鞍覆・白傘袋の免許を受け、名実ともに越後国主の地位に就いた。

上田長尾政景との対立

しかし、まだ最大のライバルが健在だった。上田長尾政景である。前述のように、政景は晴景の妹と婚約し、晴景に対して協調的態度をとっていた。黒田秀忠の「反乱」の際には目立った動きはしていないが、景虎の勝利により府内での地位が揺らぐと考えても不思議はない。

実際、政景は、景虎が国主となった後、人質を出さずに府内と距離を置いていた。また、府内と上田の中間に位置する宇佐美定満に対し、居城を放火するなどの脅しを加えていた。これに対しては、本庄実乃が薭生城（新潟県小千谷市）の平子孫太郎に、宇佐美への協力を指示している。両者が戦闘に及んだのは天文二〇年（一五五一）に入ってからのことで、正月に景虎の兵が、政景の将発智長芳の板木城（同県魚沼市）を攻め、長芳の母や妻子を拉致した。二月には、上田衆が上野家成・中条玄蕃允が守る上野城（現節黒城、同県十日町市）を攻めるなど、小競り合いが続いた。

しかし、七月に景虎が自ら上田を攻撃する態度を示すと、政景側からの働きかけにより和平が成立し、懸案だった景虎の姉（後の仙洞院）と政景の婚姻も実現した。この二人から生まれた息子が、後の上杉景勝である。これにより、越後国内で景虎に反抗する勢力はいなくなり、二〇年にわたる享禄天文の乱が終焉するとともに、長尾景虎の覇権が確立した。

大途の立場

所領紛争への積極介入

国主の地位に就いた景虎は、秩序回復のため積極的に動いた。なかでも力を注いだのは、所領紛争の解決である。

天文二一年（一五五二）には、室町時代から繰り返され、守護の法廷にも持ち込まれながら決着を見ないでいた、阿賀北の中条氏・黒川(くろかわ)氏間の境相論(さかいそうろん)解決に乗り出した。まず、奉行人の山吉政応を通じて「御無事之取合(ごぶじのとりあい)」（上越八一）を行いたいと伝え、近隣の色部勝長にも「御意見」を加えるよう求めた。ところが黒川実氏(さねうじ)は、先年の定実養子問題では中条氏が国に対し「逆意(ぎゃくい)」を構えたのを討伐し「静謐(せいひつ)」に及んだのに、今になって「和融(わゆう)」とは意外である、自分のために「塩味(あんばい)」していただくのが肝心であると返事してきた（上越八三）。そこで景虎は、「間之宿意」があるからといって、いつまでも「取相」を続けるのは「大途」として許せない、「是非」を捨てても「無事」あるべしと命じた（上越九九）。「大途」とは、「公儀」と同義の高位公権力の意味で、こうした立場から、職権主義的に紛争調停に当たったのである。簡単には同意が得られなかったようだが、天室光育の仲介もあり弘治元年（一五五五）には「無事」が成立した。

また天文二三年には、波多岐荘（新潟県十日町市周辺）内の土地をめぐる上野家成・下平修理間の相論が、府内に持ち込まれた。これを担当したのは、本庄実乃と守護上杉氏以来の家臣大熊朝秀だった。府内で審理が行われ、下平方の言い分が認められて落着することとなった。ところが、家成はこの裁定に不満を抱き、再度出訴したのみならず係争地を実力占拠するに至った。朝秀は家成に、これは言語道断の所行であり、何度出訴しても一度落着したものは覆らないと通告した。しかし、本来連署すべき実乃の署判は加えられなかった（上越一一七）。それは、実乃が家成の「指南」（訴訟の取り次ぎ）だったことによっていた。もともと家成は、政景との戦いで景虎方として活躍しており、実乃は寄親として彼を擁護する立場にあったと思われる。その後、朝秀がたどる経緯（後述）から見て、家成の横車は通ったものと思われる。近代的公権力とは違い、こうした人間関係が当時の

「公儀」の裁判の大きな要素となっていたのである。

このように、景虎は国主の地位を順調に固めていったかに見えたが、一方では、積極的施策に対する国衆などの反感も強まっていたようである。そこで景虎は、思い切った行動に出た。弘治二年（一五五六）六月、師の天室光育に長文の書状（上越一三四）を送り、隠退して遠国から越後を見守りたいとの意思を、家臣たちに伝えるよう依頼したのである。

景虎の隠退騒動

景虎自身が、下書きもせず急いで筆に任せて書いたため、文章の前後や重字・脱字などもあるだろうと断っているように、論旨はあちこちに跳んでいるが、簡単にまとめると以下のようになる。

まず、関東から越後に入部して以来の長尾家代々の功績を書き連ね、とりわけ父為景と自分は二〇年に及ぶ争乱を乗り越え越後に「静謐」をもたらした、家臣たちも昨今までよく働いてくれていたとする。前述した、為景の葬儀への甲冑を着しての参加も栃尾城での奮戦も、ここで述べられていることである。つづけて、これからいよいよ家名を高め、家中も豊かになってほしいと思っているのに、皆の考えがまちまちなためか自分を見放しているようで、これでは国主の地位に居続けることが難しく、隠退するほかはない。長く春日山にとどまり、何か大きな問題が出て来て、今までの功績が無になっては、召し使うものに対しても申し訳ない。古人も「功成り名遂げて」隠退すると聞いており、遠国に行きこの国の様子を見守ることを決心したとする。さらに、幸い家中譜代のうちには有能な者がいるので、談合・相談して事に当たって欲しい、そうすれば安全が保たれるだろうとまとめている。

この書状から景虎は、中条・黒川相論や上野・下平相論が上手く解決できず、越後支配に自信を失った結果、隠退を決意したと見る向きもあるが、私はそうは思わない。幾分か本心が混じってはいるだろうが、そんなナイーブ（素朴）な心持ちだけでは、とても熾烈な権力闘争を勝ち抜くことはできなかっただろう。家臣が団結して事に当たれるような状況になかったことは、景虎自身が知悉（ちしつ）しているところであり、むしろ、景虎抜きで上手く国政を運営できるのかと、家臣に決断を迫ったとするのが正しいだろう。

実際、さっそく最大のライバルだった長尾政景が慰留に乗り出した。また、上野・下平相論で景虎の腹心本庄実乃と対立した大熊朝秀が、相論の裁定に不満を持つ黒川氏や武田（たけだ）晴信（はるのぶ）ら国外勢力と結んで反乱を起こした。隠退騒動の結果、「景虎派」が力を強め、自らの立場がますます危うくなることを恐れたものと思われる。景虎は、政景をはじめとする

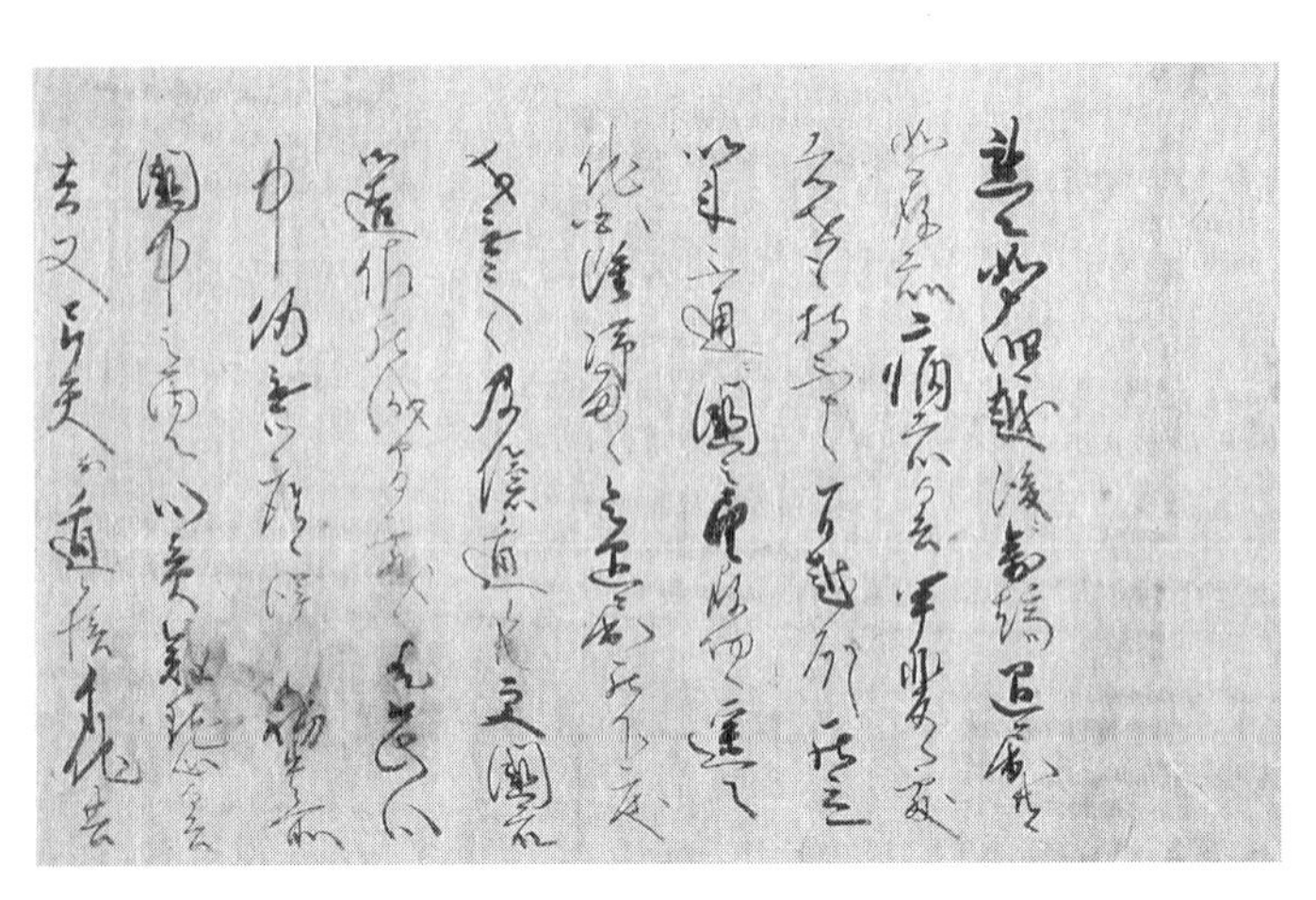

行目で「貴所任御意見候」と隠退の撤回を表明している.

「国中之面々」の「心責黙止し難」く、また、合戦から逃れては批判を受けるだろうとして、政景の意見に任せて隠退を撤回する意向を表明した。それと同時に、朝秀の反乱に対処すべく軍事指揮に当たった。朝秀は「越中口」から越後に攻め込んだが、駒帰（新潟県糸魚川市）で上野家成らに迎え撃たれ、武田氏を頼って甲斐に落ちのびた。こうして、隠退騒動は景虎の地位強化をもたらす結果となった。

外征への転換

これを機に景虎は、積極的対外進出という戦略路線を打ち出した。公権力の統制強化により押さえつけられた国衆や家中の、所領拡大・地位上昇へ向けたエネルギーを、外征で発揮させようとしたのである。もちろん、そうしたことをあからさま

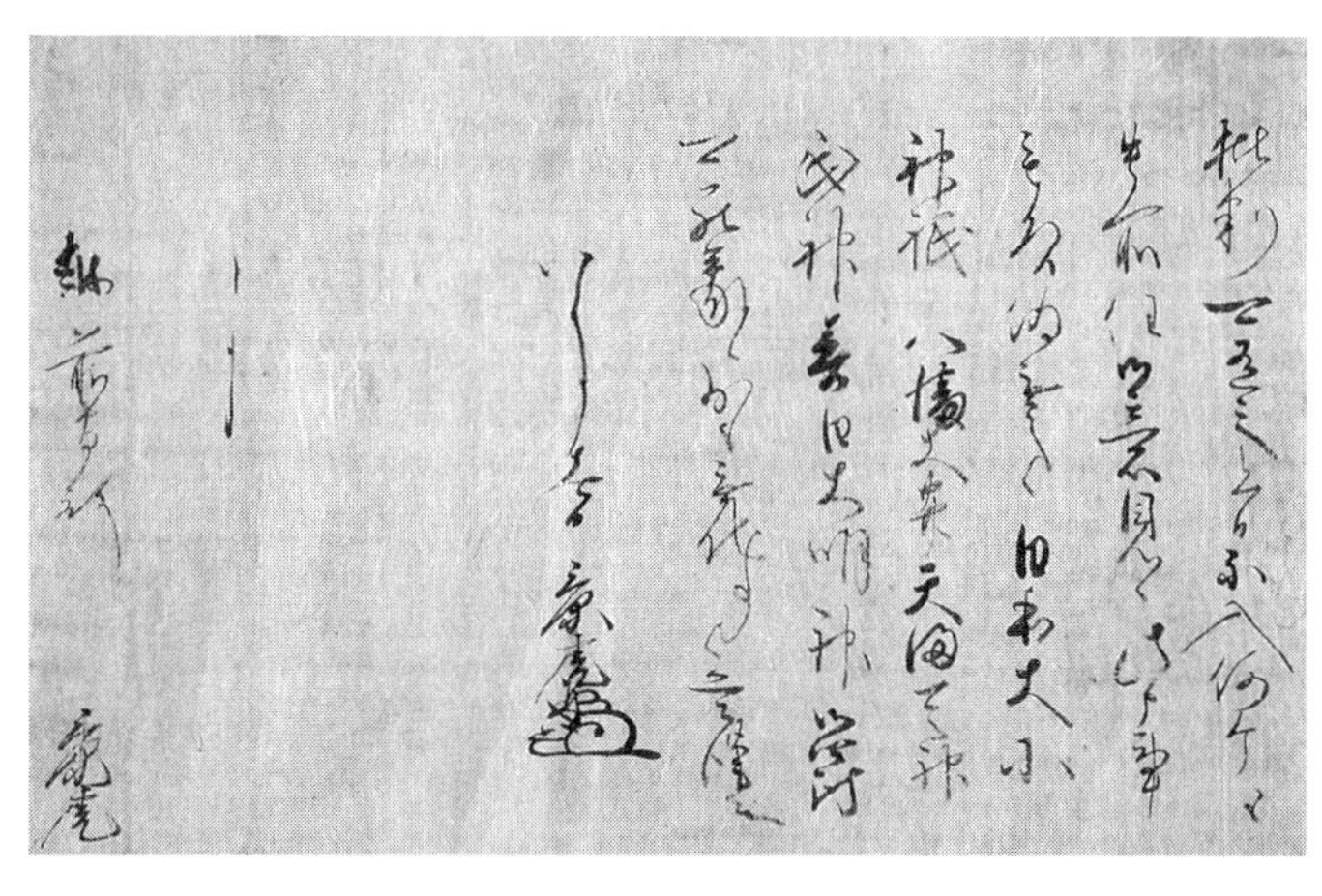

図13　長尾政景宛て長尾景虎書状（米沢市上杉博物館所蔵）　本文後から5

に述べた史料があるわけではないが、同じころ安芸の毛利氏においても共通する動向が見られた。すなわち、天文一九年（一五五〇）に「長年上位を軽んじ、ほしいままの振る舞い目に余る」重臣井上衆を粛清した毛利元就は、家中に対する「公儀」の地位を確立し、「喧嘩」による紛争解決を禁じて自らの裁判権に服させた。同時に、家臣との御恩—奉公関係を明確化し軍事体制を整えた。それまで家臣は、同僚である周辺領主との争いを通じて所領拡大を目指していたが、その道を塞がれる代わりに、新たに外征による給地獲得の道を示されたのである。この道は、陶隆房（後の晴賢）の大内義隆への反逆を契機に始まった中国地方の争乱で現実化し、元就が芸備防長石五ヶ国の「太守」となるとと

図14　武田晴信像（高野山持明院所蔵）

もに、元就によれば「家中の者は大分限となり、小者や中間まで心が太くなった」という。こうして、戦国争乱は内乱から外征へと性格を転化させたが、それは戦国大名に結集した武士団のエネルギーに支えられていたのである。

ちょうどそのころ、景虎は二つの対外課題を抱えていた。一つは前章「長尾為景と関東」の「小田原北条氏の台頭」の最後で述べた、分国上野を追われた関東管領山内上杉憲政の越後避難である。天文二一年正月のことだった。景虎は同年中に、僧侶を上野に派遣して状況を探らせたり、平子孫太郎や庄田定賢に関東出陣を命じたりしていたが、まだ様子見に止まっていた。

もう一つは、武田晴信の北信濃進出の本格化である。天文一五年に佐久郡への侵攻を本格化し、前述のように翌年には北信濃国衆の中心村上義清の要請により出陣した山内上杉憲政を破っている。その後、上田原（長野県上田市）の合戦で村上勢に大敗したものの、天文二二年八月には村上義清の拠る葛尾城を陥落させた。越後に逃れてきた義清の救援要請に応えて、景虎は軍勢を率いて出陣し布施（長野市篠ノ井）で武田勢と戦った（第一次川中島合戦。なお「川中島」というと、一般的には千曲川と犀川に挟まれた中州を指すが、近世では更級・埴科・高井・水内の北信濃四郡を「川中島四郡」と呼ぶことがある。五次に及ぶ「川中島合戦」は、実際には「川中島四郡」の広がりのなかで戦われている）。

信越国境は春日山城から二〇キロしか離れておらず、しかも二〇〇〇メートル級の山々が連なる上越国境とは違い交通の難所はない。前出の天室光育宛の書状では、長尾氏は北信濃の国衆とは長年の付き合いがあり、ことに高梨氏とは姻戚関係にあるので見捨てるわけにはいかないと述べられているが、武田氏勢力と直接境を接するようになれば危険この上なく、信越国境の軍事的安定は関東進攻にとって不可欠ともいえたのである。

「関東管領体制」の挫折

河越合戦後の関東

ここから長尾景虎の本格的対外戦争が始まるのだが、その話に入る前に、主な舞台となる関東を中心にした東国の政治状況を概観しておきたい。

北条氏の支配体制整備

古河公方足利晴氏は、家督を義氏に譲った後も古河城に残り、天文二三年（一五五四）古河公方家臣の一色・二階堂氏らとともに反北条氏の挙兵を企てたが、北条氏康により鎮圧され相模の波多野（神奈川県秦野市）に幽閉された。これにより、北条氏は古河公方に対する統制力を強化した。家督相続の望みを絶たれた藤氏（晴氏と梁田高助の娘の間に生まれた嫡子）は、弘治三年（一五五七）に古河城奪回を試み失敗、安房の里見氏のもとに落ちのびた。

氏康は内政面でも積極政策を展開し、天文一九年にはそれまでの雑多な税を廃止し、土地の価値を表す「貫高」の六パーセントの「懸銭」に統一する税制改革を実施した。また、弘治元年には北武蔵を中心に広汎な検地を実施し、その結果も踏まえて家臣への軍役などの諸賦課の基本台帳である『小田原衆所領役帳』（内容的には『北条氏家臣知行役帳』）を作成している。こうして、軍事を支える基本制度が整備されたのである。

北条・今川・武田氏の「三国同盟」成立

外交面で重要なのは、相模北条氏・駿河今川氏・甲斐武田氏の間で「三国同盟」が結ばれたことである。すでに見てきたように、第二次河東一乱まで三者の関係には変転があったが、武田晴信の仲介により今川義元と北条氏康との講和が成立してからは、お互いに敵対することなく、北条氏は北関東・武田氏は信濃・今川氏は三河への勢力拡大に努めた。こうした関係を安定化するため三者間で婚姻関係が結ばれ、「三国同盟」が成立したのである。

まず天文二一年（一五五二）一一月に、義元の娘嶺松院殿が晴信の嫡子義信に嫁いだ。ついで晴信の娘黄梅院殿が氏康の嫡子氏政に嫁いだ。二人の間には、北条氏五代当主氏直が生まれている。そして天文二三年七月、氏康の娘早川殿が義元の嫡子氏真に嫁いだ。なお、氏康の四男氏規が人質として駿府に送られている。両者間の関係が険悪だったためとも、早川殿が幼少だったためともされる。

これに関しては、「善徳寺の会盟」というエピソードが伝えられている。天文二三年に氏康が駿河に再侵攻しようとしたところ、義元の軍師である太原雪斎が仲介となり、駿河善徳寺（善得寺、静岡県富士市）で義元・氏康・晴信の三者が会談し、同盟を結ぶことを約束したという話である。しかし、同盟の条件である婚姻はすでに行われており、また、義元の軍師が仲介役というのもおかしい。これは後世の軍記物に出てくる話であり、当時の文書や記録には書かれていないので、創作と考えた方がよいだろう。

北条氏の勢力拡大

武蔵・上野を押さえた北条氏が、つぎに目を向けたのは南常陸だった。南常陸では、小田城（茨城県つくば市）の小田氏、結城城（同県結城市）の結城氏、常陸府中城（同県石岡市）の大掾氏ら国衆が抗争していたが、河越合戦を契機に北条氏と結ぶ動きが出てきた。弘治元年（一五五五）には結城政勝が小田原城を訪れ、北条氏康に小田氏打倒への援助を要請している。これに応じた氏康は、翌年四月に江戸城主遠山景綱・岩付城主太田資正率いる二〇〇〇騎の軍勢を結城に派遣、さらに古河公方足利義氏の命により、鹿沼城（栃木県鹿沼市）の城主壬生綱生、佐野城（同県佐野市）の城主佐野豊綱、館林城（群馬県館林市）の城代茂呂秀忠らが参陣した。

大軍の援助を受けた政勝は、麾下の多賀谷・水谷・山川氏らを率いて小田氏の支城海老ケ島城（茨城県筑西市）を攻撃、小田氏治の援軍を破った勢いで小田城を占拠した。北条方の援軍が引き上げると城は奪い返されてしまったが、北条氏の存在の大きさをこの地の領主たちに知らしめる効果があった。

房総方面では、第一次国府台合戦以降、里見氏との抗争が続いていた。里見氏は真里谷武田氏の衰亡に乗じて上総に進出したが、北条氏は武田氏支援を名分に介入し、佐貫城（千葉県富津市）をめぐり攻防を繰り返した。北条氏は、里見氏重臣正木氏の内紛に乗じて弘治元年に金谷城（同県富津市）を攻略し、房総進出の拠点とした。さらに永禄二年（一五五九）には、三浦半島の先端浦賀（神奈川県横須賀市）に玉縄城（同県鎌倉市）の城主北条綱成・康成父子を配して、後方支援に当たらせた。こうして万全の態勢をとった上で、里見氏の本拠久留里城（千葉県君津市）攻撃に移り、翌年五月には完全に包囲するに至った。危急存亡の事態に里見義堯は、重臣で小田喜城（後の大多喜城、同県夷隅郡大多喜町）の城主正木時茂を通じて長尾景虎に救援を求めた。これが、景虎「越山」の最後の「引き金」となったのである。

長尾景虎の関東進攻

関東で新たな政治状況が展開している間、景虎は国内の体制固めだけでなく、二度の上洛を通じて関東進攻の準備工作を進めていた。

一度目の上洛

一度目は、第一次川中島合戦後の天文二二年（一五五三）秋、高野山参詣にかこつけて（「物詣之刻」）行われた。上洛した景虎は、後奈良天皇に面会し、剣と天盃を贈られて「別して奉公すべき」（後奈良天皇女房奉書〈上杉家文書〉）ことを誓った。前出の天室光育への書状では、父祖以来初めてのことであり、名利は過分至極であるとの感想を述べている。上洛以前の四月には、「住国・隣国の敵心を挟む輩の治罰」（上越一〇二）を賞し、「威名を子孫に伝え勇徳を万代に施し、いよいよ千里において決勝し、宜しく一朝に忠を尽くすべし」（同前）とする、仰々しい綸旨（天皇の意思を伝える文書）を獲得していた。とりあえずは、信濃での武田晴信との戦いを正当化する「お墨付き」をもらったことになる。その後、高野山に向かう途中で堺に寄り、そこから本願寺光教に太刀・馬・銭を贈った。上洛するに際して、信濃の本誓寺（現在は新潟県上越市）を通じて加賀一向一揆に通路の安全保障を求めており、その礼だったのだろう。

帰京後、大徳寺の僧徹岫宗九から「宗心」の法号を受け、越後に戻った。将軍の足利義藤（後の義輝）は、三好長慶との争いに敗れ、近江朽木（滋賀県高島市）に逃れていたため、面会は叶わなかった。

二度目の上洛

二度目は、関東進攻直前の永禄二年（一五五九）四月から八月ころにかけて行われた。後の史書では五千余人、公家山科言継の日記では一五〇〇人ばかりを従えていたとされるが、ともかく大人数の兵が動員されていた。一番の目的は、前回果たせなかった将軍との面会だった。なぜか手間取ったものの、六月には「条々」（上越一九〇）を提出し、以下の「心情」を吐露している。将軍家には、為景以来世話になっているので、ぜひ朽木からの入洛を助けようと思っていたが、晴信との争いで叶わず申し訳ない。入洛の祝いに参上したが、さまざまなものをいただき面目の至りで、いよい

図15　足利義輝像（国立歴史民俗博物館所蔵）

よ身命を賭して忠信を貫きたい。今度の上洛で本国がどのような禍乱に見舞われようとも、ご用を命じられたならば、国のことは捨て置いても無二に上様をお守りする所存であり、今も武田勢が越後に乱入しているが、暇を請わずに在京している。

　これを読んだ二四歳の青年将軍義輝はすっかり感激し、景虎が帰国するとの噂が流れると、急いで景虎に対し、さまざまな便益を与えだした。まず、文書の封紙の裏書免除と漆塗の輿の使用許可により、三管領に準じる身分的地位を与えた。また、関東管領上杉憲政の進退については、景虎の分別に任せることとした。さらに信濃での争いについて、晴信が和議斡旋に応じなかったこと（後述）を非難し、景虎に信濃の諸侍を導いて解決に当たることを命じた。それに加えて義輝は、ちょうどそのころ大友義鎮（宗麟）が、進上した鉄炮火薬の調合書を贈っている。

この上洛でもう一つ大きかったのは、二四歳の青年関白近衛前嗣（後の前久）との出会いである。前嗣は一九歳で公家最高位の関白にまで上り詰めたが、当時の朝廷においては関白が有名無実の閑職だったためか、京都の生活に飽き足らず西国（おそらく近衛家領島津荘を通じてつながりの深い島津氏が支配する薩摩）に下向しようとしたが、両親の反対にあい鬱々としていた。景虎が和歌に堪能な前嗣に懐紙を所望したのをきっかけに交際が始まり、政治的野心に燃えた二人は肝胆相照らす仲になった。ついに二人は血判起請文を交わしあい、前嗣は遠国に下向して景虎とともに働くことを誓った。前嗣はすぐにも下向したかったようだが、正親町天皇の即位式が近づいており、関白には即位灌頂という数少ない重要な役割を務めるため出席する必要があり、下向は許されなかった。しかし翌年即位式が実施されると、前嗣は越後に下向し景虎の関東経略に協力することになる。

この時代に将軍や天皇の権威を尊重・利用することは、他の武家でも見られ、景虎も父為景のやり方を踏襲したといえる。しかし、景虎自身が述べているように、直接天皇・将軍に面会するのは、府内長尾家としては初めてのことである。それだけでなく、遠国の将が多くの兵を率いて上洛するのは異例といえる。たしかに、応仁の乱と明応の政変後の畿内の争乱への周防大内義興の介入という事例はあるが、これには日明貿易をめぐる細川氏との対立という実質的利害が関わっていた。その義興も、長期の在陣が出雲尼子経久の芸備などへの勢力浸透を招き、帰国せざるをえなくなっている。このように、軍勢を率いての上洛には大きなリスクがあったのであり、実際、その隙を突いた武田勢の越後乱入を招いている。国を捨てても将軍に忠節を尽くすというのはリップサービスで、義輝の多大な恩典付与による引き止め工作を振り切り、景虎は帰国の途に就いた。したがって上洛は、あくまで関東進攻を中心とする対外戦略の一環に位置づけられており、その「費用対効果」の判定は、今後の展開において明らかになってくるだろう。

「越山」開始

帰国した景虎を迎えて一〇月二八日、越後の諸将が祝賀の太刀を献上した。名を連ねたのは、上杉氏一族の上条上杉景信（古志長尾氏出身）・山本寺定長ら、上杉氏譜代の桃井・千坂・石川氏ら、国衆の中条・本庄・加地・新発田・竹俣氏ら、長尾氏一族の上田長尾政景らである。一二月一三日には、村上義清・高梨政頼など信濃の国衆二一人が、やはり太刀を献上している。義輝の「お墨付き」はそれなりの効果を発揮したようである。

年が明けて永禄三年（一五六〇）三月、景虎は越中に出陣した。景虎によれば、越中では守護代の神保長職と椎名康胤が対立し、いったんは景虎の近隣のつながりによる仲裁で和睦したものの、長職がそれを破って康胤を攻め、さらに武田氏と結んで景虎の信濃出陣を牽制する動きを見せたことへの対処だった。長職は、本拠富山城（富山市）を自落し、要害の増山城（同県砺波市）に逃げ込んだが、景虎の攻撃に耐えられず逃亡した。帰国した景虎に対し上杉憲政は、これで越中は安全になったのだから、この機会に念願の「越山」を実行してほしいと、長尾政景を通じて持ちかけた。折しも、常陸の佐竹義昭からの書状が使僧を通じてもたらされ、関東への出陣を要請された。景虎は返事で、「自分は私利で戦をすることはなく、ただ筋目に基づいて誰にでも合力するだけだ」（上越二〇五）と見得を切っている。越中の戦いもそうだし、今度は信濃が待っているが、関東のことも忘れてはいないというのである。

　里見義堯からの救援要請もこのころ到着したと思われ、景虎は機は熟したと判断したようである。五月に入ると「御鑓御せんさく」（家臣の知行高に応じた軍役負担量の調査・決定）を実施し、軍役動員体制を整えた。また、同じ五月に府内を直轄化したのも、軍需物資動員体制強化が目的の一つだったと思われる。その際も給人に対し、府内の給地の替地として与えられる分について、「軍役奉公不足あるべからず」（上越二〇七）としている。

そして八月二四日、景虎は関東諸将に以下の檄文を送り参陣を呼びかけた。「関東では争いが際限なく続き、味方中の労苦といい、万民の不安といい、（見過ごすことはできない。そこで）関東を討つことを決定した。来月には必ず越山する。きっと北条・武田軍が攻めて来るだろうが、決着を付けてやる。勝利は疑いない。上野・武蔵のどこで戦おうとも、すぐに着陣するのが肝要である。今こそ奮戦すべき時である」（〈永禄三年〉八月二四日付長尾景虎書状案〈『越佐史料　巻四』永禄三年八月二四日条所載〉）。翌二五日には、留守を守る諸将に対し、春日山城の普請や信濃方面の警戒などを命じた「在陣留守中掟」（上越二一二）を与え、いよいよ八月二九日、景虎は憲政を正面に立てて関東に向け出陣した。

小田原城包囲

景虎は、早くも九月上旬に明間城（群馬県安中市）・岩下城（同県吾妻郡東吾妻町）・沼田城（同県沼田市）を攻め落とし、沼田城を守る北条孫次郎をはじめ数百人を討ち取ったという。九月中に厩橋城（群馬県前橋市）に入って本陣と定め、白井・足利・総社などの長尾氏一族や箕輪城（同県高崎市）の城主長野業政らも呼応して立った。しかし一一月末になっても、上野・武蔵の武将は山内上杉氏の影響力が残っていたのか結集してきたものの、他の地域では動員は順調には進まなかった。そこで景虎は、さまざまな手立てを講じた。常陸・下野については、「諸家中」の出張が「遠

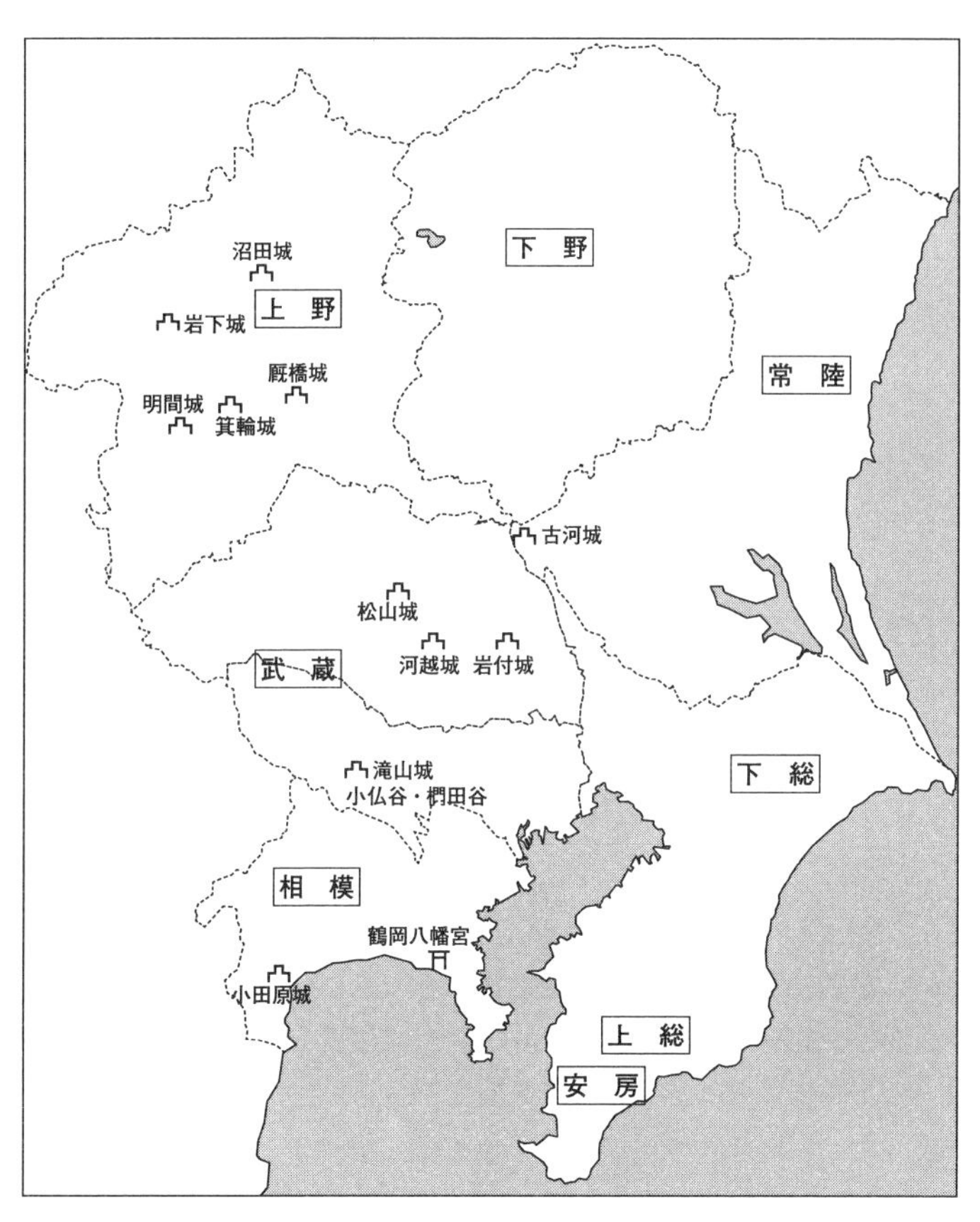

図16　上杉謙信の「越山」関係図（永禄3～4年）

境故」か遅れているが、上野・武蔵（上武）では皆「先忠に復している」（山内上杉憲政に従っている）様態を見分して伝えてほしいと、下野龍渓寺の僧に依頼している（〈永禄三年〉一〇月二九日付長尾景虎書状案〈『越佐史料　巻四』永禄三年一〇月二九日条所収〉）。また年末には、援助を要請してきた正木時茂が、上総の原胤貞と争って出陣の妨げになっているが、「大途際之儀」なので万障を抛って「無事」を実現するよう「執刷」ってほしいと、北条氏から離反した岩付城の太田資正に依頼している（上越二一九）。このような状況だったので、景虎は厩橋で年を越すことを余儀なくされた。一方、北条方は、氏康が松山城まで出張して様子を窺い、古河公方足利義氏は那須資胤に参陣を促すとともに、古河城を普請して防戦の構えを見せていた。

　年が明けると景虎は、留守居諸将の「検見」をしていた重臣直江実綱を越後から招集し、行動を開始した。二月には松山城に着城し、関東の守り手として逆徒を討つべく勝利を期する願文を鶴岡八幡宮に納め、さらに武蔵小仏谷・椚田谷（東京都八王子市）に軍勢を進めて制札を発行するなど、一路、北条氏の本拠小田原城を目指した。このころまでには、関東の諸将もあらかた参陣しており、その名前と陣幕紋を記した「関東幕注文」（上杉家文書）が作成された。そこには、上野の長尾憲景ら白井衆・長尾顕景ら総社衆・長野業政ら箕輪衆・長野道賢ら厩橋衆・斎藤憲弘ら岩下衆、下野の長尾景長ら足利衆・小山秀綱ら小山衆・皆川山城守ら「宇都宮へ寄」衆・桐生助綱ら桐生衆・梁田晴助ら古河衆、武蔵の成田長泰一族・広田直繁ら羽生衆・太田資正ら岩付衆・三田綱秀ら勝沼衆、常陸の小田・真壁・多賀谷氏ら、安房の里見・正木氏ら、上総の酒井・山室氏、下総の高城氏ら二五〇人以上が名を連ねている。その後、佐竹氏や那須氏も加わっている。北条方となっていた下総結城氏や下野壬生氏の名は見えないが、相模・伊豆・武蔵南部を除く関八州の勢力がほとんど結集したといえよう。軍記物では、その数は九万六〇〇〇とも一一万五〇〇〇ともされている。それほどでなくても、数万人はいただろう。

一方、北条氏康は、松山城を放棄して小田原に撤収したと思われ、嫡子氏政とともに籠城する作戦に出た。北武蔵の要衝河越城や、氏康の三男氏照が城主大石氏の養子に入った滝山城は、依然北条方が守っていたようだが、景虎は無視して小田原城に迫り、三月末には酒匂川（神奈川県小田原市）付近に陣を取った。両軍の大規模な衝突はなく、長尾方はもっぱら城下の放火に力を入れ、景虎の言によれば一軒残らず、ことごとく焼失させたという。しかし、北条方を降伏させるには至らず、一ヶ月ほど包囲戦が続くと、佐竹・小田・宇都宮氏などから撤収の申し入れが頻りになされ、景虎もそれを容れざるをえなか

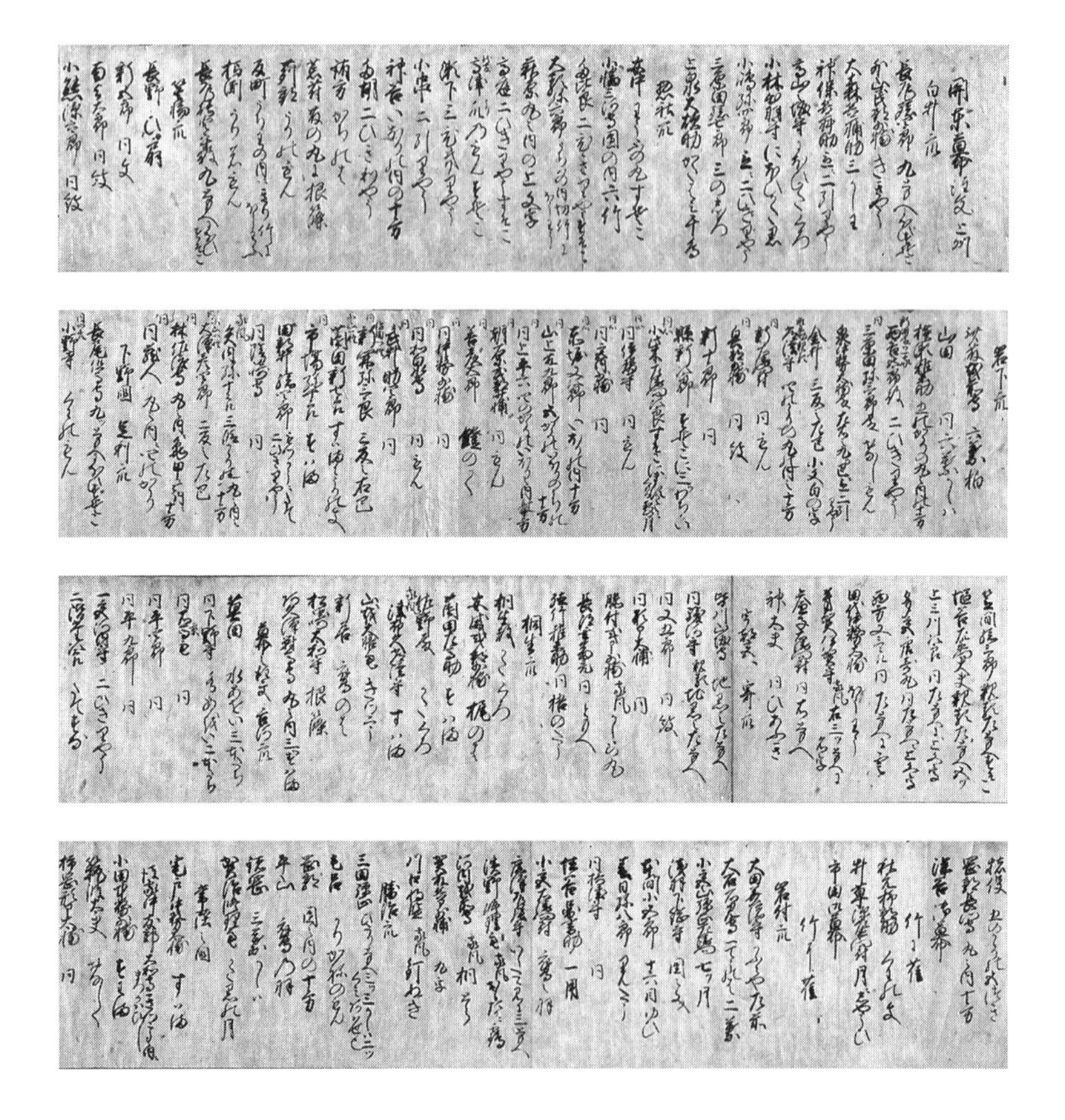

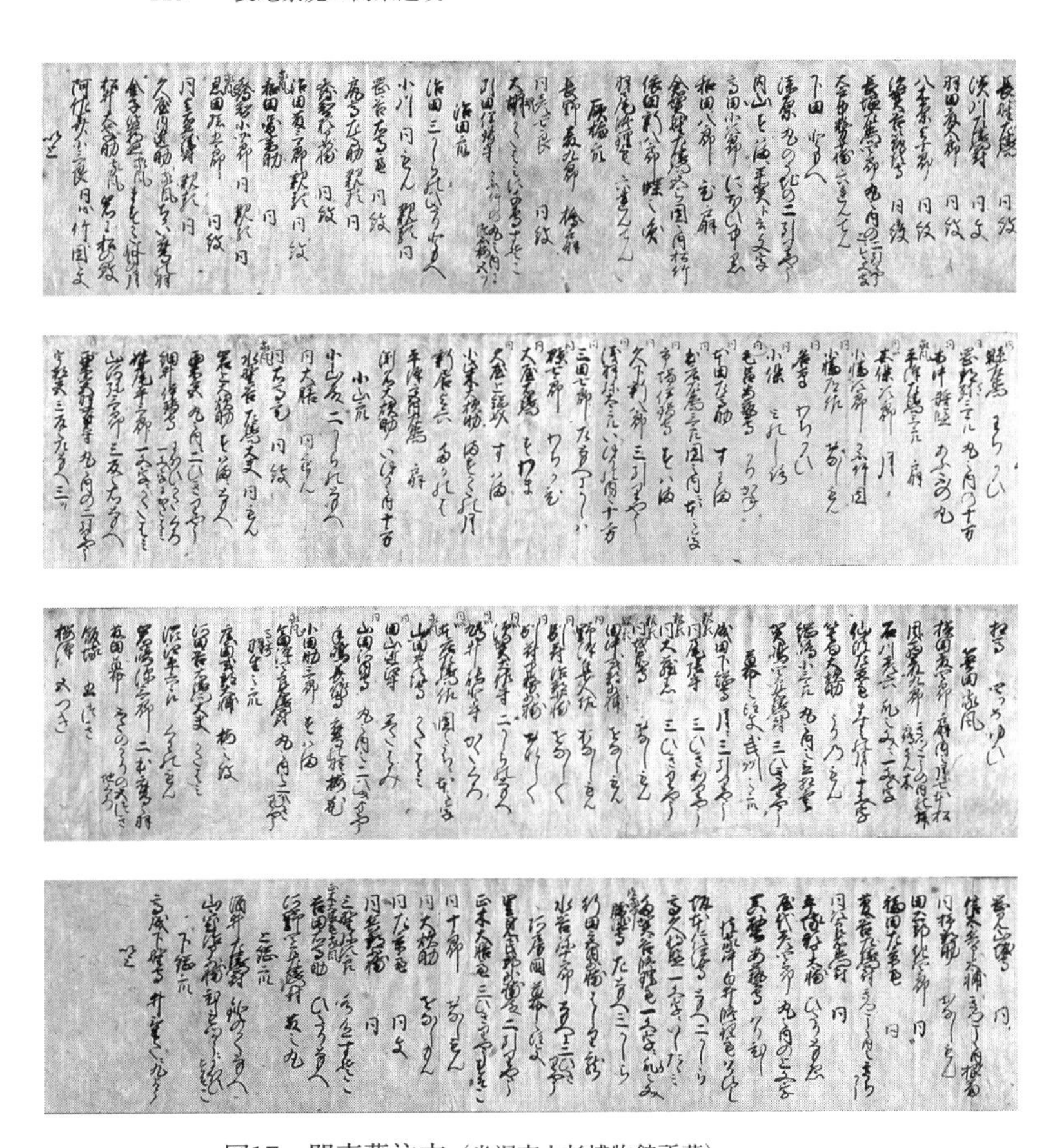

図17　関東幕注文（米沢市上杉博物館所蔵）

った。このころ越後では、関東との交通に関するトラブルが起きており、兵粮の補給など長期戦に耐えうる体制の不備もあったと思われるが、関東諸将の大勢は、一五年前の河越合戦の時以上に、本気で北条氏と戦う意欲に欠けていたようである。

関東管領就任

小田原を離れた景虎は、その足で鎌倉の鶴岡八幡宮に参詣した。そこで、上杉憲政から山内上杉氏の家督を相続し、一字をもらって政虎（まさとら）に改名するとともに、関東管領の地位に就いた（政虎は、この年末に足利義輝から偏諱を受け輝虎（てるとら）に改名、さらに元亀（げんき）元年〈一五七〇〉には出家して謙信を名乗るようになる。煩雑になるので、以下彼の名は「謙信」で通す）。その顚末について、後に謙信は義輝の側近大舘晴光（おおだてはるみつ）に以下のように説明している。憲政が病気になって関東管領を私に譲りたいと言ってきた。他の諸将も一致して承諾すべきだと頻りに頼んだが、私には分不相応で若輩でもあり、とりわけ将軍の承認も経ずに勝手に承諾するわけにはいかないと数日間断っていた。しかし、鶴岡八幡宮の神前で皆が強く催促し、しかも、重大な戦いの最中にこうしていたずらに時を過ごし、敵が襲いかかって来たら大変だと言うので、憲政が本復するまで旗を預かるということで了承した（上越四二九）。

ずいぶん謙虚に見えるが、すでに見たとおり、憲政の進退については義輝から白紙委任を受けているので、これはあくまで政治的ポーズであり、関東管領就任は既定の路線だったと思われる。前年九月に越後へ到着し、さらに厩橋まで来ていた近衛前嗣も、謙信からの知らせを受けて、関東管領就任は将軍の承認があろうとなかろうと「理運(りうん)」のことだと、強く支持し励ましている。なお、謙信からは小田原城下をことごとく放火した話もあったが、前嗣は「前代未聞、申すべき様もこれなき名誉」（上越二七八）と手放しで褒めており、当時の人の倫理観が窺える。

この後、謙信は、梁田晴助に新たな古河公方の擁立を晴助と相談の上で行うことを約束し、安房里見氏に庇護されていた藤氏を立て古河城に入れた。謙信はその後も関東に留まっていたが、六月二一日に厩橋城を発って帰国の途につき、二八日に越後府内に到着した。前嗣は名を前久(さきひさ)と改め花押(かおう)も武家様に変え、新たな覚悟をもって古河城に入った。古河城には前関東管領上杉憲政も入っており、謙信は古河公方藤氏を含めた三人の権威をもって、関東支配に臨もうとしたようである。しかし、前久の役割も含めそれ以上の具体的方策は見られず、この「体制」の有名無実性は数ヶ月たたずに白日の下にさらされることになる。

北条・武田氏との角逐

謙信が、関白近衛前久・前関東管領上杉憲政・古河公方足利藤氏ら三名の権威により構成される「体制」で十分と思っていたかどうかは不明だが、長期の関東滞在を許さない事情が存在した。北信濃情勢の緊迫化である。武田晴信は謙信の「越山」に対し、北条氏康との申し合わせに従い軍事行動を開始していた。永禄二年（一五五九）には前線拠点として海津城（現松代城跡、長野市）が築城されており、武田方の脅威は増していた。ここで少しさかのぼり、武田方との抗争の流れを確認しておきたい。

北信濃の危機

天文二二年（一五五三）の第一次川中島合戦は小競り合いに終わり、晴信の信濃制圧は、翌年の伊那谷、弘治元年（一五五五）の木曽谷と進んでいった。謙信は、これを牽制すべく善光寺（長野市）に出陣したが、別当の栗田氏は寺の西にある旭山城に籠もり、鉄炮三〇〇挺・弓八〇〇張を擁する武田方の援軍三〇〇〇人とともに守りを固めた。戦いは数ヶ月に及んだが決着が付かず、今川義元の斡旋で城の破却を条件に講和が成立した（第二次川中島合戦）。

しかし弘治三年、晴信がふたたび北信濃への攻勢を強め上杉方の葛山城（長野市）を落とすと、島津氏は長沼城（同市）を捨て、高梨氏の拠る飯山城（同県飯山市）も危うくなった。そこで、謙信はまたも信濃に出陣したが、武田方は決戦を回避しいたずらに時が流れた。そのような状況下で、前述の義輝による和議斡旋が行われたが、晴信は応じず謙信も兵を退かざるをえなくなった。その後、謙信上洛の隙を突いて武田方が越後に乱入したのは前述の通りである。

義輝は、これを非難する御内書を晴信に送ったが、晴信は大舘晴光への書状で以下のように反駁している。「あなたは、以前に使節を下向させて信濃守護に任じる御内書を下さったではないか。だから、私の信濃支配について他の干渉は許されないのに、その後も長尾は二度も信濃に侵入し放火を繰り返している。それこそ上意に背く第一である。その報復として越後を攻めたのであり、聊かも上意に背くものではない」〈永禄二年〉一一月二八日付武田晴信書状〈『越佐史料　巻四』永禄二年是夏条所収〉)。これは実質的に義輝本人への手紙だから、嘘をついても仕方がないので、晴信の信濃守護補任は事実だろう。おそらく、晴信が和議の条件として持ち出したのだろうが、将軍権威の上昇だけでなく礼銭収入も見込まれるので、義輝も認めざるをえなかったのだろう。したがって、義輝には反論しようもなく、謙信に信濃の平和回復を命じた御内書は、空手形と化してしまったのである。

決戦川中島

こうしたなかで永禄四年（一五六一）九月一〇日、川中島合戦史上最大の激戦が、千曲川・犀川の合流点にほど近い八幡原（長野市）で展開された（第四次川中島合戦）。経緯については、江戸時代に作られた『上杉年譜』や『甲陽軍鑑』に詳しく書かれ、広く世間に伝えられた。それらによれば謙信は、村上・高梨・島津氏ら北信濃勢を先陣に押し立て、一万八〇〇〇余の軍勢を率いて出陣、八月二〇日には武田方との交戦に入り、主力一万三〇〇〇は海津城を見下ろす妻女山（西条山とも）に本陣を構えた。武田信玄（晴信は、永禄二年に出家して信玄と号した）はこの報に接し、八月二四日に二万余の軍勢を率いて甲府を発ち、妻女山の麓の雨宮の渡しで千曲川を渡り海津城に入

図18　紀州本「川中島合戦図屛風」(右隻，部分，和歌山県立博物館所蔵)

った。

　両軍はしばし睨み合っていたが、九月一〇日の未明に武田方一万二〇〇〇が妻女山に夜襲をかけた。事前に察知した上杉方は、山を下り雨宮の渡しから八幡原に向かった。八幡原には信玄以下八〇〇〇の兵が待ち受けており、夜明けとともに両軍は激突した。はじめは兵力に勝る上杉方が有利だったが、妻女山を襲った部隊が駆け付けると形勢は逆転、上杉方は善光寺を目指して退却した。

　『甲陽軍鑑』には、白巾で頭を包んだ武者が馬上から信玄に斬りかかり、信玄が軍配団扇で受け止めたという、有名なエピソードも記されている。事実かどうかはともかく、謙信は近衛前久に「自ら太刀打ちに及んだ」と伝えており（〈永禄四年〉一〇月五日付近衛前久書状写〈『越佐史料　巻四』永禄四年九月一〇日条所収〉）、総大将も巻きこむ激戦だったことは確かだろう。武田方では、信玄の弟武田信繁が戦死し、嫡男義信は二ヶ所に傷を受け、信玄自身もかすり傷を負っている。謙信が家臣に与えた感状（軍忠を称える文書）には、親類や被官が多く討たれたが、それにより敵数千騎を討ち取ることができたと特記されており、双方ともに多くの死傷者が出た模様である。こうなったのは、両軍の主力が期せずして正面衝突し、白兵戦を展開したことによっている。

謙信は、「この戦いで大利を得た、年来の望みを達した」と「勝利宣言」を発している（上越二八三など）。ことに前久に対しては、八千余を討ち取ったと水増しして伝え、安心させようとしている（上越二九〇）。しかしその後の展開を見ると、信濃で上杉方に残るのは飯山城のみとなり、謙信は村上氏らを越後にとどめるとともに、家臣を飯山城代として派遣し防備を固めることに甘んじざるをえなかった。武田方有利の結果に終わったのは明らかであり、信玄はこれを見切って戦略的重点を上野方面に移した。

古河城失陥と近衛前久の帰京

なんとか信越国境の安定を実現した謙信だったが、新たな難題が関東方面で発生していた。北条方の反攻が本格化してきたのである。すでに永禄四年（一五六一）六月、上杉方に付いた三田綱秀の勝沼城（東京都青梅市）への攻撃を開始していたが、一〇月には武蔵松山城奪回に動くとの噂が広がっており、近衛前久は、万一支援が遅れたら大変なことになるとして、すみやかに「越山」するよう要請してきた。そうなると謙信も黙視するわけにいかず、一一月中に府内を発った。

一方、信玄も、一一月には利根川以西の西上野に出陣して国峰城（群馬県甘楽郡甘楽町）を奪取した。国峰城主小幡憲重は、武田・北条氏と連携していたが、一族の内紛により城を追われ甲斐に逃れていた。その帰還を助ける行動だった。一二月には、西上野の上杉方の中心である箕輪城（同県高崎市）の城主長野業政の女婿倉賀野直行が拠る倉賀野城（同県高崎市）を、北条方とともに攻撃している。

謙信は、一一月二七日に武蔵生山（埼玉県本庄市）で北条方と交戦しているが、武田・北条方と正面から戦うには至らなかった。下野唐沢山城（栃木県佐野市）の城主佐野昌綱が北条方に転向し、鶴岡八幡宮参詣の際に謙信から恥辱を受けたとされる忍城（埼玉県

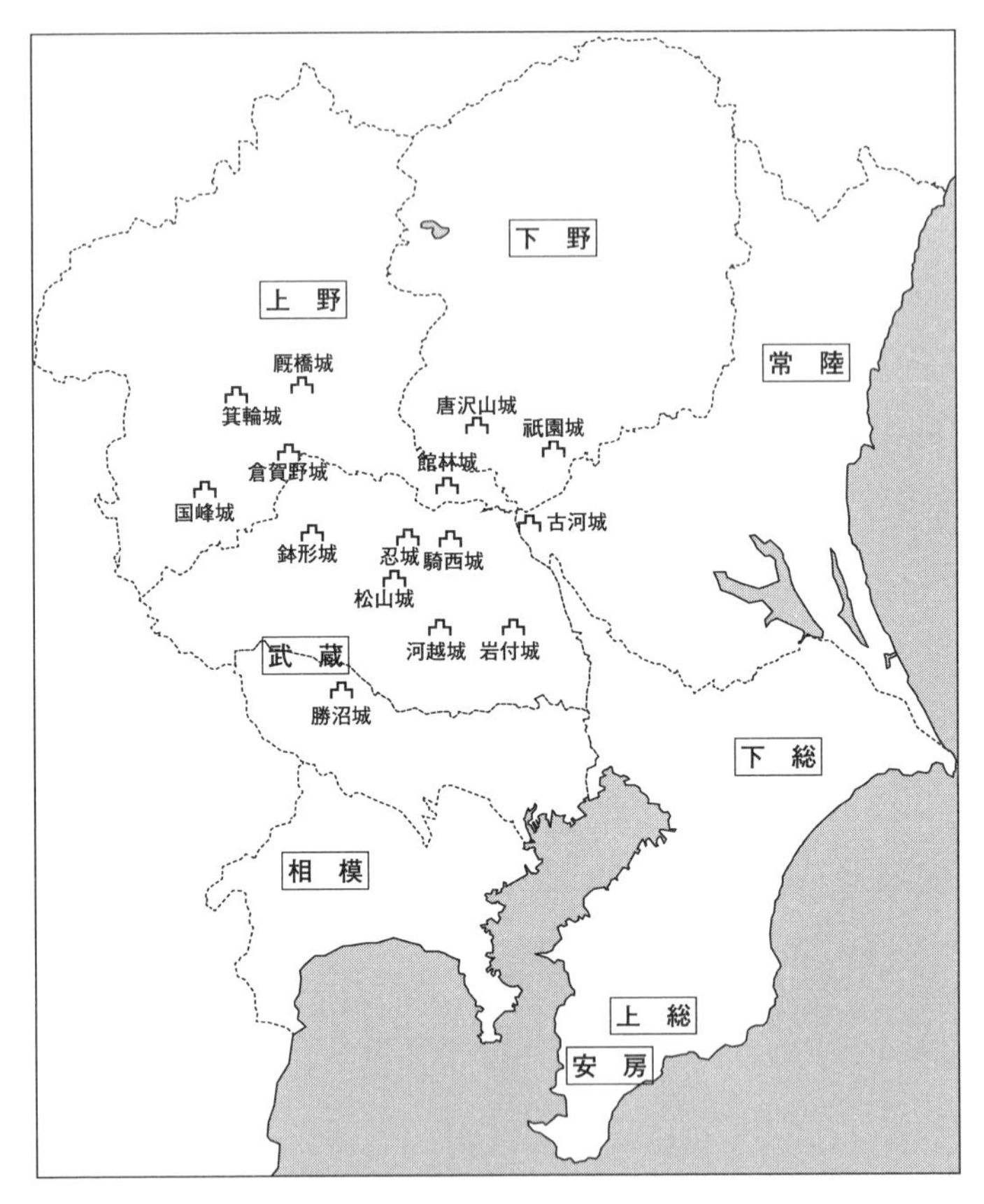

図19　上杉謙信の「越山」関係図（永禄4～6年）

行田市）の城主成田長泰も続いたため、古河城周辺の安定に力を注がなければならなかったのである。両者とも転向の理由は定かではないが、もともと上杉方に付いたのが一時的な軍事状況によるものだったのであり、状況の変化を見ての行動だったといえよう。

年が明けて永禄五年二月一七日、謙信は北条方にとどまっていた館林城（群馬県館林市）の城主赤井文六（あかいぶんろく）を降伏させ、山内上杉氏家臣だった長尾景長を城主に入れた。ついで唐沢山城攻撃に移ったが、比高一八〇メートルの堅城を落とせず厩橋に帰城した。そのため、古河城の危険を払拭することができず、城内でも動揺が生まれていたようで、前久・上杉憲政は厩橋城に退去し、足利藤氏は弟藤政（ふじまさ）・家国（いえくに）とともに里見氏を頼って房総へと逃亡した。

謙信は前久・憲政を伴って四月初めに府内に戻った。さらに前久は、謙信から何度も引き止められたにもかかわらず、逗留しがたい子細があるという理由で帰洛してしまった。謙信は怒りを隠さなかったようで、前久も後で、若気の至り・短慮・気ままな行為だったと謝っている。しかし、謝罪には何の意味もなく、むしろ「お坊ちゃん」公家の心情を洞察できず、安易に同調した謙信の政治的能力が問われるだけである。ともかくこうして、朝廷・幕府の権威に頼った関東（・信濃）平定構想はことごとく水泡に帰してしまい、残された謙信には新たな方策が求められることになったのである。しかし、有効な代替案は示されず、謙信はズルズルと後退を余儀なくされていった。

松山城失陥

そのころ、北武蔵の拠点松山城が北条方の脅威にさらされていた。松山城は河越城と鉢形城（はちがたじょう）を結ぶ交通の要衝に位置し、長く扇谷（おうぎがやつ）上杉氏の前線拠点となっていたが、河越合戦後は北条方の支配下に入った。扇谷上杉氏の家臣だった岩付城主の太田資正が一時奪回したものの、その後、資正自身が北条氏に降伏し松山城も北条方に戻った。しかし、謙信の関東進攻を機に資正は北条方を離れ、松山城を再奪回して上杉憲政の弟とされる憲勝（のりかつ）を城主に据えていた。その太田資正からの支援要請が届いたのである。

謙信は、武田・北条軍が上武に出陣するようなので、九月には「越山」したい旨を関東の武将に伝えているが、それを許さない事情があった。越中の神保長職がふたたび動き出したのである。謙信は七月、越中に出陣し、いったんは動きを鎮めたが、帰国するとただちに反撃が始まり、九月には味方が大敗を喫した。そこで謙信は再出陣して長職の立て籠もる増山城に攻め寄せ、一〇月に能登（のと）守護畠山義綱（はたけやまよしつな）の仲介で講和を成立させ、一〇月一六日に帰陣した。

このころまでには北条・武田方が松山城攻撃を開始しており、謙信は一〇月二七日、人馬を休めた上、すぐに「越山」する旨を資正に伝えた。そして一一月二四日、「関東の悪逆人を根切(ねぎり)に成すべき覚悟」（上越三三九）で春日山を出陣した。しかし、柏崎(かしわざき)到着が二七日、小千谷(おぢや)到着が二八日と、進軍は遅々としてはかどらなかった。この冬の豪雪が原因だった。まして三国峠(みくにとうげ)越えは至難の極みで、前出の書状（上越三三九）で謙信は会津(あいづ)の蘆(あし)名盛氏(なもりうじ)に、深雪のため軍勢は駕籠(かご)や輿を使って夜に日を継いで越山した、遼遠の雪中国境越えの苦労を推察してほしいと訴えている。こうして一二月一六日、ようやく倉内(くらうち)（群馬県沼田市）にたどり着いた。何度か行われた冬の「越山」を、農閑期の「食うための戦争」（関東での略奪）と評価する見解が出されたことがあったが、後にも見るように実際には、このようなリスクを冒しての行動だったのである。

その後の動きも鈍く、翌永禄六年（一五六三）正月になってようやく岩付に向かった旨を里見義堯に伝えている。それに応じて義堯は、自分も市川(いちかわ)（千葉県市川市）まで出陣すると約束したが、その後に合流した様子は見られない。また里見氏に庇護されていた足利藤氏も、小山秀綱に謙信に協力して出馬するよう要請したが、直後に見るように聞き入れられなかった。先の蘆名盛氏宛の書状によれば、そうした状況のなか、謙信は二月上旬に松山城の後詰として、五～三里離れた石戸(いしど)（埼玉県北本市）という所に陣取った。しかし、敵方が通路を堅く塞いでいたため、城内の衆は援軍到来を知らず、敵の計略に乗って二月四日に城を明け渡した。さらに書状では、とはいえ北条・武田両軍が在陣しているので、一戦を遂げて本望を達したいと、毎日手を変え品を変え揺さぶってみたが、相手は守りを固めて応じなかった。最後は、攻撃を仕掛けようとしたところ、内通者がいたのか敵の知るところとなり、夜中に逃げられてしまった。興亡をかけた一戦に及ぶことができず無念である、と述べられている。かなり負け惜しみが入っていると思われ、どこまで信じてよいか判らないが、救援の時期が遅れて要衝の松山城を失ったのは、動かしようのない事実である。

騎西・小山・佐野への転戦

謙信は一一日に岩付の陣を払い、成田長泰の弟小田伊賀守（おだいがのかみ）の拠る騎西（きさい）城（じょう）（埼玉県加須市）に攻め寄せ、「実城（みじょう）」（近世の本丸）を残して「外曲輪（そとぐるわ）」「中城（なかじろ）」を奪った。伊賀守は謙信に敵対してはいないが、兄が謙信に背いたのだから同罪である、あの城は四方の堀が深く守りが堅いので、落とすのは大変だと年寄（としより）どもは言うけれども、氏康・信玄と一戦を遂げられなかったことは残念至極であり、ことに若い者たちは空しく在陣していてはやる気もなくなると言っているので、ここは騎西城を攻め落とそうという「理屈」である。びっくりした伊賀守は太田資正を通じて

「許し」を請い、兄の長泰も再度の服属を申し入れた。

さらに謙信は下野に向かい、援軍依頼に応じなかった小山秀綱の祇園城を攻め、息子や親類多数を人質として差し出すことを条件に降伏を認めた。秀綱の兄弟で下総結城家に養子として入っていた晴朝も、これを機に上杉方となることを求めてきて了承された。つぎに向かったのは、この間に謙信を悩ませてきた佐野昌綱の唐沢山城だった。昌綱も謙信の勢いに気圧されたのか、詫びを入れて降伏した。こうして鬱憤を晴らした謙信は、四月二八日に沼田を発ち帰国の途に就いた。

下野・常陸への出陣

とはいえ松山城失陥のダメージは大きく、とりわけ武蔵における上杉方の要というべき太田資正の地位を危うくするものだった。資正は早くも七月に、北条・武田が攻め寄せる情報が届いているとして、謙信に「越山」を促している。謙信は一一月下旬に府内を発っているが、今回も雪に阻まれて行軍は遅れ、一二月二一日にようやく浅貝（新潟県南魚沼郡湯沢町）に到着した。ここで謙信は、里見義堯に以下の内容の書状（上越三六六）を送った。「兼約之筋目」で出馬したが「雪中之時分」で遅れている。武田が西上野に出張し倉賀野城を攻めているとのことだが、これを機会に甲・相との争いに決着を付ける覚悟なので、武州に出陣し太田資正とともに動いてほしい。

約一ヶ月後の閏一二月一九日、謙信は厩橋城に到着した。この間、甲・相軍が上野金山城（群馬県太田市）から下野館林・足利方面に動いているという情報も得ていたが、さしたる動きはなく、謙信は閏一二月二七日に利根川を越えて和田城（現高崎城、同県高崎市）を攻めた。和田城は倉賀野城と箕輪城の中間に位置し、城主の和田業繁は箕輪城主長野業政の女婿だったが、武田方に転じたため倉賀野城の安全が脅かされていたのである。

こうして西上野への応急措置を終えた謙信は、佐竹義昭の要請を受けて翌永禄七年（一五六四）正月、城主小田氏治が北条方に転じた常陸小田城の攻撃に向かった。謙信によれば二千余人を討ち取り、正月二九日に落城させた。さらに二月には、ふたたび反旗を翻した佐野昌綱を討つため唐沢山城に向かった。今回は激戦となったと見られ、多くの感状・合戦手負注文（軍功を示すため、戦闘員が負った傷を列記した文書）が残されている。最後は佐竹義昭と宇都宮広綱の仲介により、謙信家臣の色部勝長・吉江織部らの唐沢山城在番、長尾一族虎房丸の昌綱との養子縁組を条件に和議が成立した。こうして、離反者の城を攻撃しそれなりの成果を得、謙信は四月に帰国した。

第二次国府台合戦と岩付城失陥

しかし、それ以上に深刻な事態が一方で進行していた。里見義堯・太田資正の軍勢が、氏康率いる北条軍と下総国府台で戦い、大敗を喫したのである（第二次国府台合戦）。里見氏は、謙信の関東進攻により北条方の圧力が弱まったのを機に、上総・下総に進出し旧武田領を手中に収め佐倉を本拠とする千葉氏を脅かしていた。武蔵との国境地帯にも進出し、永禄三年（一五六〇）一二月には太田資正と連携して北条方の最前線葛西城（東京都葛飾区）を攻めている。これらを踏まえて謙信は前述の出陣要請を行い、義堯嫡男の義弘率いる里見軍は永禄六年一二月には葛西城に近い国府台まで進出した。ここに太田資正が合流し、さらに太田道灌直系の子孫で江戸城に拠る太田康資が加わった。康資は、北条氏から送り込まれた遠山景綱と確執があり、同族の資正のもとに走ったのである。北条方は氏康が陣頭指揮を執り滝山衆や玉縄衆が応援に駆け付け、両軍は翌永禄七年正月七・八日、国府台で激突した。両軍とも一〇〇〇人を越える戦死者を出したとされるが、最後は北条方の大勝利となった。その結果、里見氏の下総進出が押し止められただけでなく、太田氏の立場が著しく弱まった。

資正はなんとか岩付城に帰ったものの、長男の氏資はもはや北条氏の優位は覆せないと判断、父および古河公方奉公衆梶原氏を継いでいた実弟梶原政景を岩付城から放逐した。

図20　上杉謙信の「越山」関係図（永禄7～9年）

資正・政景父子はその後、宇都宮・佐竹氏の保護を受け、打倒北条氏・岩付城回復を執拗に目指すことになる。この報を受けた謙信は、氏資の行為を「言語道断」と怒っているが、「凶徒（氏康）根切」を唱えながら「裏切り者」の「成敗」にうつつを抜かし、太田氏との連携を最後までとれずに北条方の分断攻撃を許してしまった「結果責任」は、問われて然るべきだろう。

図21　太田氏系図（則竹雄一『古河公方と伊勢宗瑞』〈吉川弘文館、二〇一二年〉をもとに作成）

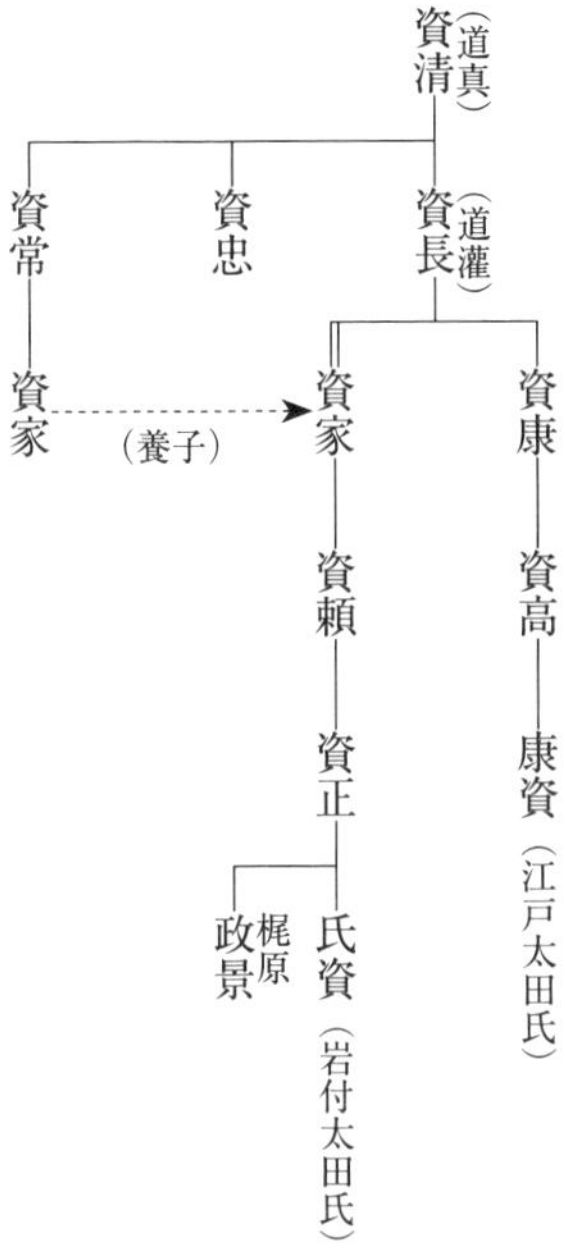

資清（道真）
├ 資長（道灌）
│　├ 資康 ― 資高 ― 康資（江戸太田氏）
│　└ 資家（養子） ― 資頼 ― 資正 ┬ 氏資（岩付太田氏）
│　　　　　　　　　　　　　　　　└ 梶原政景
├ 資忠
└ 資常 ― 資家 ⇢（養子）資家

武田方の西上野制圧

それだけでなく、山内上杉氏の「分国」としての伝統をもち、かつ関東進攻の橋頭堡（きょうとうほ）ともいうべき上野が、依然として武田方の攻撃に晒されていた。謙信帰国直後の永禄七年（一五六四）七月には倉賀野城が落城し、城主倉賀野直行（なおゆき）は謙信のもとに逃れたが、家臣たちは城に残り倉賀野衆として武田氏に仕えた。前に触れた国峰城の場合も、城主一族の内紛に乗じたかたちではあったが、武田氏は地域社会の内部対立を利用し、一方の勢力を味方に付けて支配を広げていったのである。

西上野北部の吾妻地域でも同様の方針がとられ、着実に支配を伸張させていた。当時の吾妻地域では、海野荘（長野県上田市・東御市付近）を本貫地とする海野氏一族が盤踞し、南西部の鎌原（群馬県吾妻郡嬬恋村）を本拠とする鎌原氏と、北東部の羽尾（同県吾妻郡長野原町）を本拠とする羽尾氏が所領をめぐり対立していた。羽尾氏は「関東幕注文」に箕輪衆として登録されており、上杉方に属していた。

一方、鎌原氏は、同族で信濃真田郷（長野県上田市）を本拠とする真田幸隆の弟幸定を養子に迎えていたが、幸隆は真田郷を村上義清に奪われて以来、武田方に属し、川中島決戦後は武田氏の上野進出の尖兵となっており、武田方に属していたといえる。

こうして吾妻地域進出の足がかりを得た武田信玄は永禄五年、鎌原・羽尾氏間の所領紛争の調停に乗り出した。しかし、鎌原氏優位の調停内容に不満を抱いた羽尾氏は、当地の上杉方の中心斎藤憲広の応援を得て鎌原幸定を追った。幸定は、幸隆を通じて武田氏の支援を受け、永禄六年九月、羽尾氏・斎藤憲広との戦いに勝利した。さらに幸隆は、斎藤氏の一族を味方に付け、斎藤氏の本拠岩下城（群馬県吾妻郡東吾妻町）を占拠して東吾妻に支配を広げた。謙信は、永禄七年六月に越後弥彦神社に納めた願文（上越四一五）で、「武田晴信悪行」として「つながりを持たない隣国・隣郡に望みをかけ、無道の行いをしている」ことを挙げ、信玄討伐の決意を述べているが、実際には信玄は、このように周到な準備工作により地域とのつながりを付けていたのである。謙信が、つながり（「よしみ」）を山内上杉氏を通じた自分と関東諸氏との関係のようにイメージしていたとすれば、時代錯誤の現実認識といえよう。

こうした流れのなかで倉賀野城を落とした武田方は、永禄八年一一月、斎藤憲広の嫡子憲宗が籠もる嶽山城（群馬県吾妻郡中之条町）を陥落させ吾妻地域を制圧した。もはや西上野で上杉方に残るのは、長野業盛の拠る箕輪城などを残すのみとなった。この間、謙信は手を拱いていたわけではなく、永禄七年八月には武田方を牽制するためか、川中島に出陣している。佐竹義昭に宛てた書状（上越四二八）には、信玄と一戦を交えたいがどこにいるか判らない、戦いがなければ佐久郡に在陣して信濃の状況を一変させたいので、上武境に出陣して北条方を抑えてほしいなどと景気のよいことが書かれている。しかし実際のところは、もはや戦略的焦点ではない信越国境に武田方はさしたる対応をしなかったただけのことであり、謙信は何の成果も得られないまま、一〇月には春日山に帰らざるをえなかった。

下総臼井城での敗戦

　そうしている間にも、関東の情勢は逼迫の度を増していた。第二次国府台合戦以降、北条方の里見氏への攻勢は強まり、永禄八年（一五六五）二月には北条氏政率いる軍勢が、謙信の関東進攻を機に里見方に転向した酒井胤治の拠る上総土気城（千葉市緑区）を攻めた。胤治は謙信側近の河田長親に書状（上越四五二）を送り、「関東中の諸士が北条方に付こうとも、私は里見義尭父子を守り抜く」との決意を表明するとともに、早期の「越山」を要請してきた。

　これを承けて謙信は、加賀出陣の予定を取りやめ、諸事を抛って「越山」すると決めたと、小山高朝など関東の諸将に伝えた。しかし、四月に河田長親らを上野に派遣したものの、本人は動こうとしなかった。五月には、厩橋城の北条高広から武田方が安中口から攻め込みそうだとの報告を受けたが、敵がいまだ見届けられないという理由で、当面「越山」は無用ということにした。「両度の陣労労兵」（上越四五七）ともしていることから見ると、再三の関東・信濃出陣により、越後勢は疲労が蓄積していたようである。

　結局、謙信が「越山」を開始したのは一一月二四日のことであり、一二月に倉内に着陣し総州への「出張」の意を表明した。年が明けると、まず小田氏治に奪回されていた小田城を攻撃し、二月中に開城させた。そこで、いったん館林城に戻った上で、北条方の中心原胤貞の拠る下総臼井城（千葉県佐倉市）の攻撃に移った。攻撃に参加した足利長尾景長によれば、三月二〇日には「実城」を「堀一重」で「諸軍取り詰め夜白隙なく責」めているので、ほどなく「落居」するだろうという状況だった（〈永禄九年〉三月二〇日付長尾景長書状〈『越佐史料　巻四』永禄九年是月条所収〉）。しかし、二三日に北条氏政の援軍が到着すると、上杉方は数百人（氏政によれば五〇〇〇人）の犠牲を出して撤退に追い込まれた。筑波山麓の小田から、いったん上野の館林城まで戻り、改めて下総の臼井城に向かったように、謙信が確保していたのは「点と線」であり、戦線が延びきったため早期決着を目指したところで反

図22　北条氏政像（早雲寺所蔵）

撃を受け、大敗を喫したのだろう。謙信は、四月に帰国している。

この敗戦は、「軍事カリスマ」謙信の威信を大きく損ない、関東の諸将は雪崩を打って北条方へ転向していった。五月には、小田・結城・小山・宇都宮氏が、氏政に人質を提出し服属の意を明らかにした。九月には、上野での上杉方の中心だった由良成繁・国繁父子が、氏康・氏政父子と起請文を交わし、これまでの遺恨を捨てて協力しあうことを誓いあった。これに対し謙信は、再度「越山」して由良氏を攻めようとしたが、実際に「越山」したかどうかは定かでない。同じ九月には、西上野での武田方の攻勢が強まり、安中城・松井田城（ともに群馬県安中市）に続いて、上杉方の中心だった箕輪城も陥落し城主長野業盛は自刃して果てた。

こうした状況のもと、謙信も戦略変更を迫られた。帰国直後の永禄九年五月、「仏神」に願文（上越五一二）を提出しているが、そこでは統治の対象となる「分国」として「越後国・上野・下野・安房」が挙げられ、なかでも「越後、佐野之地、倉内之地、厩橋之地」の「長久無事」が祈られている。また、将軍の命によって氏康と「和談」を整えるが、武田晴信父子は「退治」すると誓っている。これまで大義名分としてきた関東管領としての統治を放棄し、北条方とは共存するとして、勢力範囲を実際に支配が及んでいるか、または味方が支配していると思われる地域に限定しているのである。

佐野城撤収

しかし現実は、その戦略すら危うくしていった。謙信は、一〇月になってようやく由良氏の金山城攻撃に向け府内を発ち、一一月八日に大胡（群馬県前橋市）に到着した。上杉方にとどまっていた小泉城（同県邑楽郡大泉町）の富岡重朝への書状（〈永禄九年〉一一月一〇日付上杉輝虎書状〈群馬県立博物館所蔵文書〉）によると、翌九日に北条方と戦うため利根川を越えたが敵を発見できず、深谷あたりまで放火して回り引き返した。そこで、近日金山城攻撃に向かうので、準備して合流するよう重朝に指示している。実際、一九日には佐野に移り金山城攻撃を目指したが、ここでとんでもない事件が起きた。武田方の攻勢を前に、もはや上野の維持は困難と判断したのか、厩橋城の北条高広が信玄に「入魂」を申し出たのである。それだけでなく、謙信が加勢として派遣した松本景繁を北条方に引き渡してしまった。謙信は「前代未聞」の「天魔所行」と怒ったが、如何ともしがたかった。その上、直前まで行動をともにしていた館林城の長尾景長までも、北条方に通じてしまった。そのため、金山城攻撃どころではなくなり、年を越して謙信は帰国した。

佐野在城の上杉方にも動揺が起き、永禄一〇年（一五六七）五月には阿賀北の新発田氏一族である五十公野玄蕃允が逃亡している。在城衆の中心である色部勝長も、情勢が思わしくないし疲れもたまっているとして、帰国したいと謙信に泣きついてきた。謙信は、もっともだと宥めつつ、会津口も信濃口も堅固に守っているので安心してほしいと返事を送っている。

しかし、佐野昌綱がふたたび北条氏と結び、北条勢数千を引き入れて、唐沢山城の越後勢を「実城」に追い詰めた。そこで謙信は一〇月に「越山」し、攻め寄せてきた氏政率いる軍勢を、利根川の渡河点赤岩（群馬県邑楽郡千代田町）で船橋の破壊により阻止し、唐沢山城救援に向かったという。謙信によれば、敵を敗北に追い込んだが、佐野氏の懇望により城は昌綱に預け置き、自分は虎房丸をはじめとする三〇人の人質や越後の軍勢を召し連れ一一月二一日に帰国した（上越五八六）。実際のところはわからないが、ともかく一ヶ月足らずで越後勢を撤収させることに成功したのである。しかし、これにより関東で上杉方が確保する拠点は、沼田の倉内城一つになってしまった。すでに四月には、古河公方家の支柱だった梁田晴助・持助父子が、北条氏政と起請文を交わし、和議を結ぶとともに関宿をはじめとする所領支配の承認を受けており、謙信の関東管領の地位は名実ともに失われたのである。

上総三船山合戦と里見氏

それでは、謙信が「分国」と意識していた安房の里見氏は、どうなっていただろうか。臼井城の敗戦は里見氏にとっても痛手であり、北条氏の攻勢を受けることとなった。永禄一〇年（一五六七）八月には氏政が、三浦水軍の総帥である北条綱成、新たに岩付城主となった太田氏資とともに上総に出陣した。謙信の臼井城攻撃に呼応して里見氏が奪回した、西上総の要衝佐貫城再奪取のためだった。城近く北条方が陣取る三船山麓（同県君津市）で激戦が展開されたが、今度は里見方の大勝となった。敗走する北条方の殿は、忠誠を試すためか太田氏資が命じられた。しかし氏資の手勢は、父と弟を追放した影響かわずか五三騎で、里見方の追撃を支え切れず全員討ち死の憂き目にあった。

この勝利に勢いづいた里見氏は、ふたたび上総を支配領域に収め、義尭が引き続き久留里城を本拠とし、息子の義弘は新たに佐貫城を本拠とする二頭体制をとって、下総・武蔵を窺う姿勢を見せた。以後里見氏は、謙信の動向に左右されることなく、独自に房総を支配する戦国大名となった。一方、北条氏は、戦死した太田氏資に男の実子がいなかったことから、氏政の息子を氏資の娘と結婚させる形で養子として送りこみ、岩付城を直轄化して里見氏の動きに備えた。「転んでもただでは起きず」とは、まさにこのことである。

越相同盟の成立と崩壊

三国同盟から越相同盟へ

武田信玄の駿河侵攻

前章「「関東管領体制」の挫折」の「北条・武田氏との角逐」で述べたとおり、上杉謙信は関東に対する影響力をほぼ失ってしまったが、状況を一変させる事態が一方で進行していた。武田信玄の戦略転換である。西上野制圧の目途がついた永禄八年（一五六五）、信玄は織田信長の養女（美濃苗木城〈岐阜県中津川市〉の城主遠山友勝の娘）を四男勝頼の嫁に迎え、「甲尾同盟」を成立させた。領国拡大の矛先を駿河に転換する前提作りの一環だった。今川義元の娘を妻にしていた嫡子義信は反対したが、信玄は謀反の疑いをかけて幽閉し、永禄一〇年一〇月には自害させ、妻は駿河に送還した。桶狭間合戦で亡くなった義元の跡を継いだ今川氏真は、対抗措置として甲信に対する塩の荷留を行った。荷留とは物資の移出を禁止することで、戦国時代には敵地の経済封鎖のために行われていた。これを知った謙信が、苦しむ甲信の人びとに塩を送ったという話（「敵に塩を送る」の謂われ）は有名だが、真偽のほどは不明である。事実として確認されるのは、氏真が謙信に書状を送り、川中島合戦での義元の講和斡旋にも触れながら、互いの協力を誓いあったことである（上越五九〇）。

これに対し、信玄は阿賀北の国衆本庄繁長に手を回し、永禄一一年三月に挙兵させた。繁長は、「越山」に従軍して負担感が増していたこと、謙信の命で同僚の長尾藤景を討ったのに逆に咎められたのを不満に思っていたことから、この挙に踏み切ったとされている。また、信玄は越中に対しても、上杉方だった椎名康胤を本願寺を通じて味方に引き込んだ。謙信は、これらへの対応に追われ、氏真が求めた信濃出兵には到底手が回らなかった。

信玄は、本庄氏の後詰のためとして越後出陣をちらつかせ、飯山城を攻撃した。謙信は、飯山に新発田・五十公野・吉江氏ら阿賀北衆を増援し、関山（新潟県妙高市）に上杉景信・山本寺氏らを入れ、越中境の根知・不動山（同県糸魚川市）に旗本を配備するなど各方面の防備を固めざるをえなかった。その上で謙信は、一〇月に入りようやく本庄氏討伐に出馬したが、一一月には村上城（同県村上市）を包囲したものの、一二月になっても陥

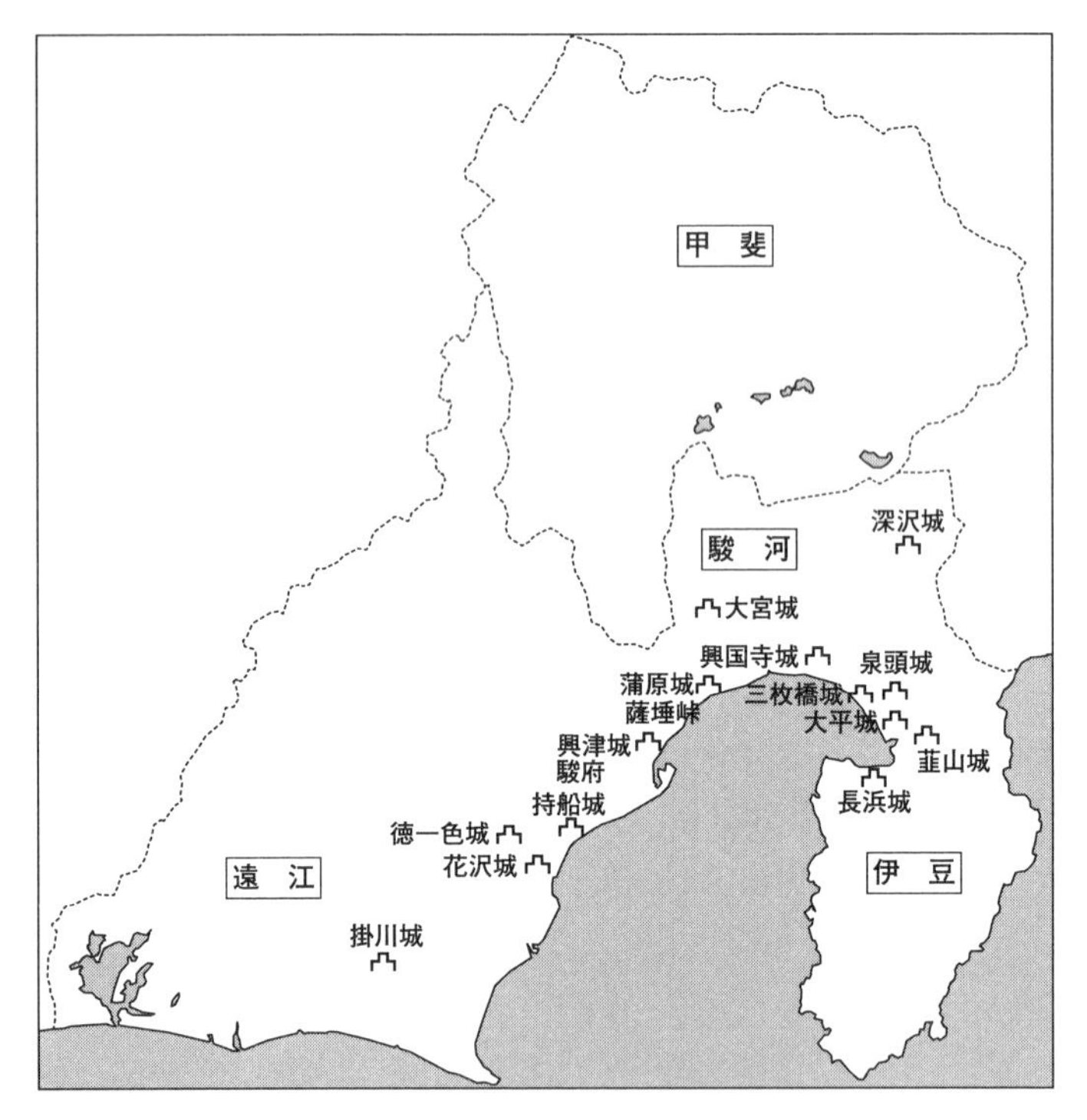

図23　武田氏の駿河侵攻・北条氏との対峙関係図

落させることはできなかった。

　こうして謙信が阿賀北に釘付けにされている間に、信玄は本庄氏からの救援要請を無視して、一二月六日駿河侵攻を開始した。氏真は要衝薩埵峠（静岡市）で迎え撃とうとしたが、重臣のほとんどが武田氏に内通しており、氏真は戦うこともできず、今川方に留まる朝比奈泰朝が守る遠江掛川城（同県掛川市）に逃亡した。すると、すでに信玄と協定を結んでいた徳川家康が、遠江に侵攻して掛川城を包囲した。北条氏政が氏真救出のため駿河に出陣したが、薩埵峠で武田方に阻まれてしまった。信玄は、駿府近辺での今川氏残党の蜂起や、越後での上杉氏・本庄氏間の和議の進展（後述）を見て、興津城・久能城（ともに静岡市）に軍勢を残し、永禄一二年四月に甲斐へ撤退した。北条方は、蒲原城（静岡市）・興国寺城（同県沼津市）の防備を強化し、さらに深沢城（同県御殿場市）を築城して武田方の再侵攻に備えた。武田方は大宮城（同県富士宮市）を北条方から奪い、甲斐—駿河間の連絡ルートを確保した。こうして北条氏と武田氏は駿河東部で対峙することとなった。

　一方、孤立した掛川城をめぐっては長期の籠城戦が展開されたが、信玄に攻城戦の隙を突かれることを恐れた家康は、徳川氏の遠江支配権を承認することを条件に講和を成立させた。氏真は永禄一二年五月に掛川城を退出、海路駆け付けた北条方の兵に守られ駿河大平城（静岡県沼津市）に入った。氏真は、北条氏直（当時は国王丸）を養子として今川の名跡を譲り、駿河支配権を北条氏に委ねた。これにより、戦国大名今川氏は姿を消すこととなった。

北条氏の和議工作

こうして三国同盟は崩壊し、北条氏は新たな戦略の選択を迫られたが、対応は速かった。永禄一一年（一五六八）一二月一九日、北条氏康の三男氏照は上杉方に書状を送り、信玄は駿河侵攻を、今川が上杉と結び敵対したことへの対抗措置だと正当化している、かくなる上は北条氏と同盟を結んで信玄と戦い、「累年の御鬱憤を散ぜらるべし」と訴えた（上越六二八）。このとき北条高定・山崎専柳斎が、沼田倉内城を守る河田重親・松本景繁らに、氏照の書状を直江景綱に届けるので、路次の安全を保障してほしいと要請している。山崎専柳斎は、このころから上杉氏の奉行人として史料に登場する人物で、北条高定は北条方に転じた厩橋城将北条高広の親族と見られる。ここからすると、氏照は北条高広を通じて上杉方とのコンタクトを図ったと考えられる。「境目」の領主としての不安定性を抱える高広は、上杉方とのつながりも維持する保険をかけていたようである。お互いにそれを認めあっているわけで、戦国期政治の一端が垣間見られて興味深い。同じように北条方に転じた金山城主由良成繁も、一二月二八日に景繁に駿河の状況を伝えており、その後、越相間の仲介役を果たしている。彼らにとって越相関係の改善は、地域の安定化をもたらす重大事だったのである。

氏康自身も、四男氏邦を通じて上杉方に「越相一和」を申し入れており、永禄一二年正月二日には「沼田三人衆」（松本景繁・河田重親・上野家成）に、「懇切の回報、本望至極」と礼を述べ、提示された「三ヶ条筋目」に対し、「証文」を提出する旨の書状を送っている（〈永禄一二年〉正月二日付北条氏康書状案〈『歴代古案』〉）。前述のように謙信は、すでに関東情勢の悪化から氏康との「和談」を視野に入れており、正月一三日に色部氏の重臣三潴長政に送った書状でも、「南方当方一味珍重」として北条氏の申し入れを受け入れる姿勢を見せている（上越六三六）。これより、越相同盟締結に向けた交渉が進められることになり、北条氏のもとで外交を担当してきた遠山康光・康英父子が、氏康・氏政父子の誓詞を持参して金山城に向かった。また北条氏の使僧天用院が、氏康・氏政の誓詞や講和の条目を携えて越後に向かい、氏康は松本景繁に、府内に同道し和議の指南をしてほしいと依頼した。しかし、「余りに寒雪風之時節」（上越六七三）という理由で、使僧は沼田に止められた。北条方は何度も駿河の戦況を伝え、一刻も早い謙信の信・甲出陣を求めたが、事態はなかなか進まなかった。

上杉方の事情

上杉方には、そう簡単に交渉を進めることができない事情があった。一つは、本庄氏の反乱が終熄していなかったことである。謙信は近隣大名である会津の蘆名氏・米沢の伊達氏に「無事」の仲介を依頼し、本庄繁長も、おそらく駿河侵攻により武田方の救援が望めないことがはっきりしたため、受諾するところとなった。永禄一二年（一五六九）二月二九日の里見義弘宛謙信書状（上越六六九）には、「伊達輝宗・蘆名盛氏が弥次郎（繁長）進退を頻りに意見候間、彼の両所に志として、赦免すべき由存じ候」と書かれている。三月末に繁長の嫡子顕長が人質として府内に出仕し、一件落着となった。

より大きかったのは、ともに北条氏と戦ってきた関東諸将との関係だった。早くも永禄一一年一二月二七日には、佐竹義重が、信玄の駿河侵攻により小田原は取り乱している、「早々御越山この時に候」との書状を送ってきた（上越六三二）。義重は翌年正月一六日、北条方の小田氏攻撃のため海老ヶ島城を落とし、さらに二一日には小田城に押し寄せた。これらを踏まえ、太田資正らから「越山」を促す書状がつぎつぎと届いた。

謙信は、二月二九日になってようやく里見義弘と太田資正に前出書状を送り、本庄氏の赦免は「越山」を急ぐための措置だ、北条氏との和議交渉は以前に北条高広の仲介で行ったが、氏政の言動に表裏があり不成立となった、今回も氏政は信用できず和議に応じようとは思っていないので安心してほしい、たとえ和議を結ぶにしても長い間共闘してきたのだから、味方中と談合することなしに決めはしないと、弁明に努めた。義弘には北条方からの文書の写も送って理解を求めている。しかし、越相同盟の締結は既定方針となっており、これらの配慮は謙信を中途半端な立場に追い込むものだった。

越相同盟の締結

ともかく謙信は、本庄氏の反乱を鎮め、四月二日に府内に戻った。この間、北条側は、それまで連絡ルートが氏照と氏邦の二つに分かれていたのを、由良成繁を通じるルートに統一すると沼田三人衆に申し入れ、交渉の本格化に備えた。三月中は、松本景繁が沼田と府内を往復し、留守居役の直江景綱と打ち合わせを進めていたようだが、具体的進展は見られなかった。謙信帰還後から和議内容の詰めに入り、古河公方・関東管領の地位、人質の交換、双方の勢力範囲が論点となった。

古河公方については、謙信が擁立した足利藤氏が永禄九年（一五六六）に亡くなっていたことから、氏康が擁立した足利義氏が正統と認められ、古河城に入ることとなった。これに関わり、北条氏は古河公方重臣梁田氏の拠る関宿城の攻撃を中止し、陣を構えていた山王山（茨城県猿島郡五霞町）から撤退した。一方で関東管領については謙信の地位が認められ、北条氏は謙信に送る文書の宛所に「山内殿」を使うようになった。謙信を、関東管領山内上杉家の当主として認めたのである。ただし、人質として送られることになった氏政の実子国増丸に、山内上杉家の名跡を継がせ関東管領職に就ける合意があった。

一番の難問は勢力範囲についてで、氏康は四月二七日付けの「山内殿」宛書状で、「仰せを蒙る筋目、その意に任せ候」と大筋で合意しながら、「国々立ち分けの儀について、些か詫言候」と述べている（上越七一七）。上野については、山内上杉氏の本拠だったことから、謙信は一国支配権を主張したようだが、氏康は年来北条氏に従い戦ってきた者の所領が数ヶ所あるから、半国ずつ支配することにしてほしいと「念願」している。また岩付・深谷・羽生など武蔵の「六ヶ所」について、氏康は伊豆・相模・武蔵は自らの戦功によって獲得したものだとして了解を求めたが、謙信は永禄三年の「越山」時に「越府御陣下へ馳せ参じた」者の所領として支配権を主張した。このように両者の主張には隔たりがあったが、早期の甲信出陣を切望する北条方は、謙信に譲歩して上野一国と武蔵「六ヶ所」の支配権を認めた。

こうして懸案を処理した上で、長く止められていた使僧天用院が松本景繁とともに沼田を出発、越後府内に向かった。天用院は閏五月三日に謙信と対面、血判誓詞を貰い受け小田原へ帰った（上越七三〇）。天用院には上杉氏の使僧広泰寺（こうたいじ）が随行し、六月九日、眼前で作成された氏康・氏政父子の血判誓詞を受け取り越後に帰った（上越七五六）。これにより、越相同盟が正式に成立した。謙信は、「国郡境目」問題で隣接地域権力と関わる「普通の戦国大名」に完全転換したといえよう。

越相同盟から甲相同盟へ

謙信の越中出陣―交錯する思惑Ⅰ

越相同盟成立を受けて、永禄一二年（一五六九）七月一五日に深谷城主の上杉憲盛（のりもり）が、謙信との誼（よしみ）を改めて確認した。八月五日には北条氏政から謙信に、松山領（まつやまりょう）の処理について、元来は北条氏家臣上田氏（うえだし）の本領であるのだが、貴方が認めないのなら仕方がないのでお渡しするとする書状が送られた。同盟成立直後に北条氏照が、「かくの如き上は、さっそく信州に至り御出張専ら肝要に候」（上越七六〇）と念を押しているように、一刻も早い謙信の甲信出陣のための譲歩だった。謙信自身も血判の誓詞を認めた直後、氏照に「甲斐への出馬の儀、其の意を得せしめ候」（上越七三〇）と約束していた。

しかし謙信は、八月に甲信ではなく越中に出陣した。なぜ越中だったのか。前述のように、謙信の越中への軍事行動は永禄三年の守護代の神保(じんぼ)長職(ながもと)と椎名康胤の対立への介入に始まる。謙信は康胤と結んで長職を本拠富山城から追い、西方の安定を確保した上で関東進攻に向かった。長職がその隙をとらえ信玄・一向一揆と結んで勢力を回復すると、謙信は永禄五年、越中に再出馬し、能登(のと)守護畠山義綱(はたけやまよしつな)の仲介で講和。これで優位に立った謙信は、能登・越中・佐渡(さど)の三ヶ国は手の内に入ったと吹聴した。永禄九年に能登守護畠山氏が長続連(ちょうつぐつら)ら重臣に追放されると、畠山氏の能登奪還の動きに合わせて永禄一一年三月に三度目の越中出陣に及んだが、本庄氏の乱が発生して帰国を余儀なくされた。これにより畠山氏の能登奪還が頓挫しただけでなく、長年の同盟者椎名康胤が本庄氏に呼応して武

図24　上杉謙信と北陸関係図

田方に転向した。謙信が能登畠山氏救援で、宿敵の神保長職と結んだことへの反発だった。そこで、越相同盟をめぐる交渉が一段落したのを見計らって、長職と結び椎名氏の拠る松倉城（富山県魚津市）を攻めたのである。

北条氏の切望にもかかわらず越中出陣を優先させたのは、後の流れを見ても明らかなように、新たな領国拡大の重点目標だったからに他ならない。血判誓詞の約束を蔑ろにしたことを、「義」に反すると批判しても始まらない。まさに「普通の戦国大名」化の証と見るべきだろう。支配拠点の魚津城（富山県魚津市）に腹心河田長親を入れ、本格的領国化政策を推進することになるのである。

武田方と関東諸将の動向——交錯する思惑Ⅱ

こうした動きを見透かすかのように、信玄は関東で攻勢に出た。九月に西上野へ出陣、氏邦の拠る鉢形城、氏照の拠る滝山城を攻め、さらに南下して一〇月には小田原城を攻めた。北条方が謙信の時と同じく籠城戦で応じたため、城下を放火しただけで短時日のうちに撤退した。北条氏を牽制する陽動作戦だったといえる。北条方は、帰途の三増峠（神奈川県愛甲郡愛川町）に氏邦・氏照の軍を配し、追撃する氏政の軍とともに挟み撃ちにする作戦をとったが、山岳戦に長けた武田軍は氏政軍が到着する前に阻止線を突破し、甲斐に引き上げた。氏康は、「必ず討ち取るはずだったが、手違いで取り逃がしてしまった。誠に無念である」（上越八一六）と悔しがり、謙信に重ねて加勢を要請した。

事ここに及んで、謙信はようやく一〇月二七日、越中から春日山に帰城した。氏康が望んだのは信州出馬だったが、謙信が選んだのは「越山」だった。帰城翌日の一〇月二八日、梶原政景に書状を送り、よんどころない事情で越中に出陣しているうちに、信玄に関東を荒らされ面目を失ってしまったとして、来月一〇日までに沼田に到着するので、佐竹・宇都宮・多賀谷氏らも誘って参陣するよう指示した。もっとも、八〇日の長陣で越後の兵は疲れているので長くは逗留できないだろうと、消極的姿勢もあからさまにしていた（上越八二二）。

しかし反北条の関東諸将は、もはや謙信の指示に応じるような存在ではなくなっていた。もともと彼らは越相同盟には批判的であり、締結後も佐竹義重が河田長親に「これで関東中が思い通りになるのなら良いのだが」（上越七四二）と釘を刺している。当然のことながら信玄からは義重に、氏政が駿河に出陣している隙に北条方の地を攻めるようにとの働きかけがあった。

謙信も、越相同盟が成立したら関東諸将が離反するだろうと見越しており、里見氏が信玄と通じたことも把握していたが、何事もないかのように出陣指示を出したのだった。しかも梶原政景に対しては、佐竹氏とともに小田氏から奪った現在の本拠片野城（茨城県石岡市）には帰らず、岩付・松山に移るよう命じた。まさに永禄三年（一五六〇）時の状況の復元を図るものであり、謙信としては太田資正・政景父子も宿願達成で感謝すると思ったかも知れない。しかし、太田父子だけでなく「東方之味方中」は誰も沼田に駆け付けなかった。彼らはそのころ、ともに筑波山東麓の手這坂（同県石岡市）で小田方と戦って勝利し、勢いを駆って小田城を奪取したのだった。おそらく彼らは、越相同盟に基づく所領回復に信頼を寄せず、地域勢力の協同による支配領域拡大を重視したのだと思われる。まして関東管領の権威など、まったく意識していなかっただろう。

上杉・北条交渉の行末

すっかり面目を失った謙信は、翌永禄一三年（一五七〇）正月、突然佐野昌綱が拠る唐沢山城の攻撃に入った。佐野氏一族のうちに武田方に内通した者がいるというのが口実だったようである。西上野への出陣を期待していた北条方は、遺憾の意を表明するとともに、昌綱に詫び言をするよう助言して収拾を図った。謙信は、これを機に岩付・松山をめぐる交渉を有利に進めようとしたようで、新たに岩付を太田資正に渡すことを氏康・氏政に認めさせた。ただし、梶原政景が小田原に数年間在留することが条件だった。

ところが、肝腎の資正が、謙信の強い要請にもかかわらず佐野に参陣せず、かえって、こうした交渉の顚末を伝えた「内儀之輝虎書中」（内々の謙信の手紙の内容）を、同陣の関東諸将に見せてしまった。謙信は、資正には天罰が下るだろう、今までは頼もしく思っていたが、これからはどうなるか判らないと怒ったが（上越八九二）、どうしようもなかった。こうして、岩付・松山の帰属交渉は雲散霧消してしまった。

もう一つの交渉課題である人質問題は、順調に進んだ。当初、北条方からは氏政二男の国増丸が出される予定だったが、氏政が「まだ五、六歳の年少の子を手元から引き離すのは親として忍びない」と氏康に嘆願したため、氏康七男の三郎が代わりに立てられた。三郎は、四月五日に小田原を発ち、一〇日に沼田で謙信と対面した。これが今回の「越山」の唯一の「成果」ともいえるが、ともかく懸案を片付け、「労兵」を癒すということで、謙信は三郎を伴い、翌一一日帰国の途についた。その後、三郎は、謙信の養子となり景虎（かげとら）の名前を与えられ、さらに謙信の姪（長尾政景の娘）と結婚することになる。上杉方の人質には、謙信に実子がいないため、重臣柿崎景家（かきざきかげいえ）の息子晴家（はるいえ）が選ばれ小田原に向かった。晴家の母は謙信の姉妹とされており、晴家は謙信の甥にあたる。

結局、北条方の度重なる懇願にもかかわらず、謙信は武田方との対決を回避しつづけたが、その間に信玄は着々と駿河制圧を進めていた。

甲相同盟の復活

小田原城攻撃から帰った信玄は、永禄一二年（一五六九）一一月、駿河に出陣し北条方の最前線蒲原城を攻略した。すると北条方は、薩埵山の陣を捨て河東に撤退した。これに乗じて信玄は、一時今川氏の残党に占拠されていた駿府を奪還し、駿河西部に残っていた今川方の花沢城（静岡県焼津市）・徳一色城（田中城、同県藤枝市）などを攻略した。さらに謙信が越後に帰国した元亀元年（一五七〇、四月に改元）五月以後、残る北条方の拠点興国寺城や伊豆韮山城に攻勢をかけた。

北条方は、氏政・氏邦さらには重臣の山角康定、養子に入った三郎までもが、つぎつぎと謙信に「越山」要請の文書を送った。謙信も、帰国時に「初秋の御行、何分にも御談合あるべし」（上越九〇〇）と約束していたが、一〇月になり、信玄が西上野に出陣するとの情報を得て、ようやく「越山」を決定した。ところが一〇月二〇日、上野に到着したものの、「ほどなく敵が退散してしまった、この上は相・越が同陣して甲斐と戦うことはないだろう」として、帰国してしまった。なお、今回の「越山」は風雪の中で行われたようで、謙信は中風の発作に襲われ、花押を書くことができず、印判で済ましたそうである

（上越九四八）。

これを見てか、信玄は小田原城防衛の前線拠点深沢城への攻勢を強化した。元亀二年正月三日には城主の北条綱成に長文の矢文を送り、甲相関係の推移を縷々述べるとともに、戦いの目的は抗争に決着を付けるため「後詰」に来る氏政と雌雄を決することにあるとして、氏政に出陣を催促するよう求めた。氏政も、「今度の一戦は当方の安危に関わる」として、家臣に「着到」（規定の軍役数）を越える大動員をかけ、一〇日に小田原を出陣して救援に向かった。しかし武田方は攻勢を緩めず、深沢城は残された唯一の曲輪である「本城」が、金掘職人によって「外張」を掘り崩される事態に陥った（上越一〇一八）。ここに及んで綱成は一六日、「後詰」を待たずに城を出ることを決断した。これにより、駿河の北条方拠点は興国寺城を残すのみとなった。

深沢城攻防戦の際も氏政は謙信に救援を要請したが、上杉喜平次（後の景勝）らを沼田に派遣したものの、謙信本人は越中出陣の用意に専念し、三月には実際に出陣して敵城一〇余ヶ所を落として帰還したと氏政に伝えた。氏政は「誠に目出度く、大慶これに過ぎることはない」などと追従の返事を書いているが（上越一〇四〇）、腹の中は煮えくり返っていたに違いない。すでにこのころから北条氏が武田氏と和睦するという噂が流れていたようだが、越相同盟締結を主導した氏康が一〇月に死去すると、氏政は秘密裏に「甲相一和」の交渉を進め、年末になって家臣たちに公表した。交渉では「国分（くにわけ）」も議題となり、西上野は武田氏、それ以外の関八州は北条氏の勢力範囲とすることが相互承認された。

謙信には「手切れの一札」を送り、謙信からも「手切れの一札」が返ってきた。謙信は、氏政のような「馬鹿者」と同盟して里見・佐竹・太田と手を切ったことを「後悔」したが（上越一〇六八）、これまでの経緯から明らかなように、自業自得というものである。なお、越相同盟解消により、上杉方の人質柿崎晴家は越後に帰ったが、北条方の景虎は帰らず越後に残った。

その後の謙信と関東

越中獲得

越相同盟の解消は、謙信にとって二つの意味を持っていた。一つは、北陸方面が戦略的重点であることが、いっそう明確化したことである。もう一つは、関東方面で連携相手がふたたび佐竹氏ら反北条方となったことである。

まず北陸方面を見てみよう。元亀二年（一五七一）三月の出陣で越中の中部までを抑えた謙信だったが、翌三年五月には松倉城の椎名康胤が再起し、加賀（かが）一向一揆も越中に進攻してきた。これには、甲相同盟の成立により西上作戦の条件が整った武田信玄と連携し、謙信の動きを牽制する意味もあった。上杉方の火宮城（ひのみやじょう）（富山県射水市）の城将神保覚広（ただひろ）からの救援要請に応じ、魚津城将の河田長親や新庄城（しんじょうじょう）（富山市）将の鰺坂長実（あじさかながざね）らが出陣したが、六月に神通川(じんづうがわ)で敵の大軍に遭遇、敗北を喫して火宮城も開城した。春日山にいた謙信は、関東情勢が不安定だったため躊躇(ちゅうちょ)していたが、養子の景勝に「火急」の際の「越山」を命じた上で、八月に至り自身が越中に出陣した。このとき、上田長尾氏家臣出身の栗林政頼(くりばやしまさより)に、「越山」に際しては「地下人(じげにん)」（一般農民）も集めて人数が多く見えるようにしろと命じている（上越一一一四）。兵力不足への苦肉の策といえるが、軍事行動の重点の置き方も見て取れる。

ともかく、謙信の越中出陣により上杉方は息を吹き返した。一向一揆側は加賀に救援を求めたが、織田方と争う朝倉氏(あさくらし)の支援に力をとられて、加賀には援軍派遣の余力がなかった。こうして、両軍は神通川を挟んで対峙し戦線は膠着状態となった。そのため、謙信は初めて越中で年を越すこととなった。謙信を越中に釘付けにした信玄は、一〇月に入り西上作戦を開始、一二月には三方原(みかたがはら)の戦いで徳川方を破ったが、病魔に襲われ翌四年四月に甲斐への撤退途上で亡くなった。織田・徳川方が勢いを取り戻し、八月には朝倉・浅井氏(あさいし)を滅亡させたのは周知の通りである。謙信は、すでに元亀元年一〇月に徳川家康と起請文(きしょうもん)を交換し、武田信玄に対し共同して対処することを約束しており、織田信長とも対武田・朝倉・一向一揆で共同歩調をとり、元亀三年一一月には起請文を交換していた。したがって、こうした情勢の推移が謙信に有利に働いたことはいうまでもない。

元亀四年正月、まず椎名康胤が和議を申し入れ、松倉城を明け渡した。加賀一向一揆も講和を申し出、神通川を挟んで停戦が成立し、謙信は四月に帰国した。天正元年（一五七三、七月に改元）八月には、「越山」の準備のため「越中堅固に申し付ける」として、ふたたび出陣している（上越一一六九）。このときは朝日山城（石川県金沢市）まで攻め入り、加賀の一向一揆は「労兵」で和議を求めてくるようだから、簡単に片を付けられるだろうと言っている（上越一一七〇）。直後には、信長から朝倉氏滅亡の報が届けられているが、信長もほどなく一揆は敗北するだろうと謙信を力付けている。こうして、越中全域が謙信の勢力圏内に入った。

羽生城の救援

謙信が「越山」を準備するとした関東方面は、どうなっていたのだろうか。すでに見たように、越相同盟成立後の謙信の関東対策は迷走気味だった。越相同盟破綻直前の元亀二年（一五七一）一一月にも「越山」しているが、これはなんと、北条方として敵対してきた常陸小田氏を救援するためだった。信玄と結んだ佐竹氏の攻撃を受けた小田氏が、謙信に助けを求めてきたのに応じたものだが、さすがに佐竹方と鉾を交えることはなく、武田方の石倉城（群馬県前橋市）への攻撃でお茶を濁している。

その後、甲相同盟の成立により北条方の攻勢が心配されたが、越中情勢の緊迫もあり、謙信が関東に力を注ぐことはなかった。元亀四年三月に会津蘆名氏に宛てた書状では、上杉方にとどまっている庁鼻和上杉氏の深谷城、木戸氏の羽生城に対し、北条氏政が無用の攻撃を行ったが、佐竹・宇都宮氏の「東方勢」に敗れて氏政一人で岩付城に逃げ帰った、ましてや自分が「越山」したら対陣することなどあろうか、と豪語している（上越一一三九）。反北条方との連携復活で十分凌げると言いたいのだろうが、現実はそれほど甘くなかった。

六月には梶原政景から初秋の「越山」を期待する書状が、八月には白井長尾憲景から北条方の出陣を伝え「越山」を求める書状が、謙信に届いた。前項で触れた謙信の「越山準備」とは、これに応じるためのものだったのだろう。実際、そのころには氏政が羽生に出張ったという、厩橋城将北条景広（高広の嫡男）からの情報が、謙信のもとに届いている。しかし、兵士が越中出陣で疲労していることから、年内は休養して年明け早々に「越山」と決した。

明けて天正二年（一五七四）正月二六日、謙信は陣触れを発し、二月五日には沼田に着

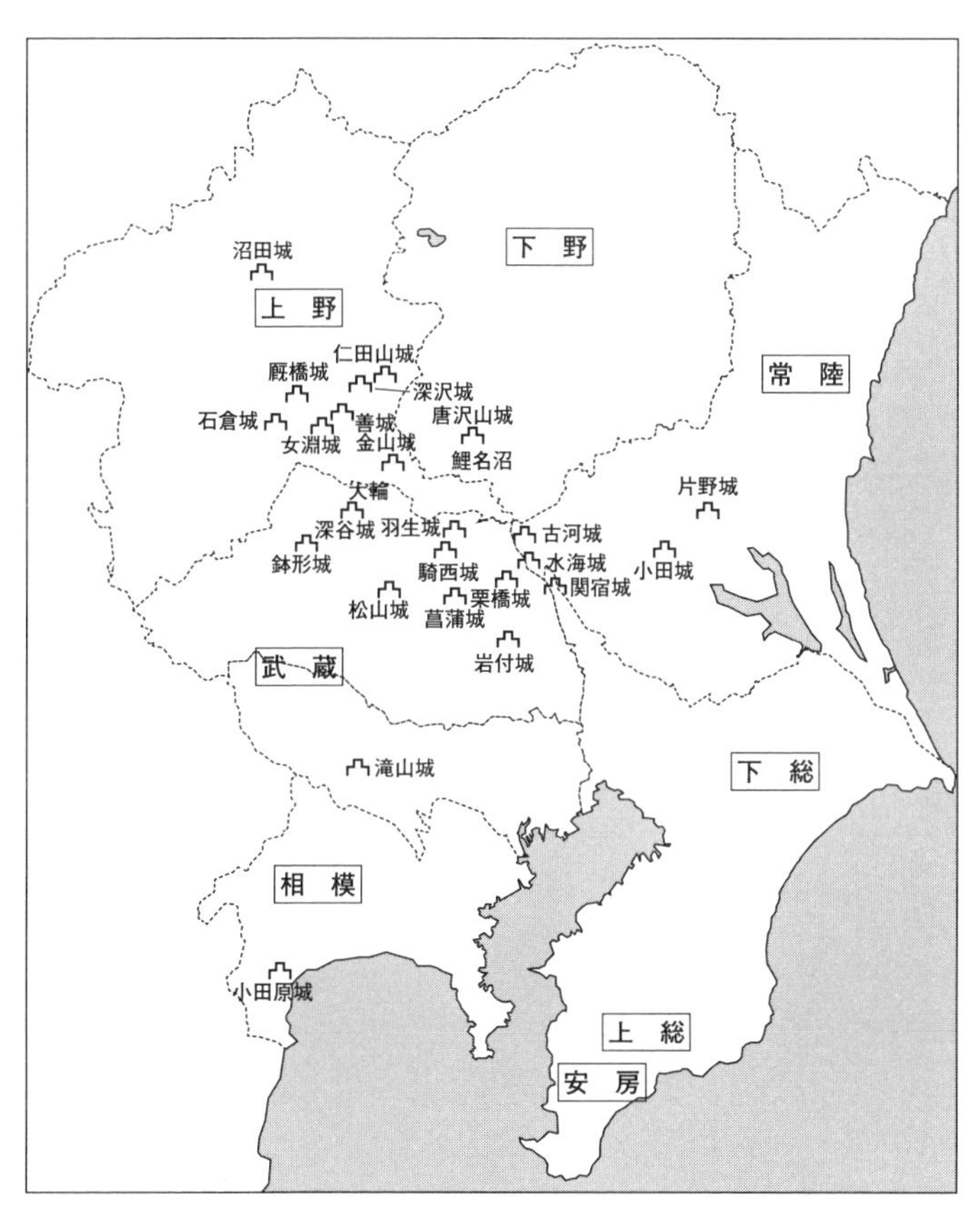

図25　上杉謙信の「越山」関係図（永禄12年〜天正２年）

陣した。謙信がまず矛先を向けたのは、上野の北条方の中心由良成繁が拠る金山城だった。まず周辺の善城（ぜんじょう）・女淵城（おなぶちじょう）（群馬県前橋市）・深沢城（ふかざわじょう）（同県勢多郡黒保根村）などを落とし、三月末には金山城目前の藤阿久（ふじあく）（同県太田市）に陣取った。ところがここで、氏政の軍勢が羽生に攻め寄せてきたため、藤阿久を撤収し羽生の利根川対岸に位置する大輪（おおわ）（同県邑楽郡明和町）に陣を移した。

しかし、折しも雪解けの影響か利根川が増水しており、渡河が困難となった。そこで謙信は、兵粮や弾薬だけでも送ろうと三〇艘ほどの船を仕立てたが、羽生城への搬入は不成功に終わった。謙信が城を守る木戸忠朝（ただとも）らに宛てた書状によれば、羽生城との連絡に当たっていた、現地を知悉（ちしつ）していると思われる家臣佐藤筑前守に、川から城まで二里ばかりあるので、途中で敵に妨害されるかも知れない、どうしたものかと尋ねたところ、佐藤が、敵が妨害できるような地形ではなく、船を三〇艘ほどまとめて送れば大丈夫だと請け合ったので実行に移したが、一世一代の失敗をしてしまったという。ここで謙信は、武田信玄や北条氏康でも、地形が判らない場合は上手くいかないだろうが、俺はそうではない、佐藤が地形の様子をありのままに述べていれば、工夫のしようもあったのにと、負け惜しみとも弁解ともつかないことを述べている（上越一二〇四）。その前に、利根川の増水を計算に入れず、金山城攻撃にうつつを抜かしていた、自分の浅慮を反省すべきと思われるが。ともかく、羽生城救援は失敗したが、氏政の方も謙信の動きを警戒してか本庄に陣を移したため、なんとか羽生城失陥の危機は免れた。謙信は五月になり、城将の一人菅原為繁(すがわらためしげ)に、よく堅固に戦い城を守ってくれて比類なく感じ入った、来秋また「越山」するから、それまで堪忍(かんにん)していてほしいとの書状(上越一二〇五)を送り、越後へと帰っていった。

最後の「越山」

約束どおり謙信は、その秋ふたたび「越山」した。七月末、北条氏政が厩橋の攻撃に出たとの報に接したのを機に、八月四日春日山を発ったが、沼田に着いたのは九月以降であり、万全の態勢を固めるためか動きはゆっくりしていた。一〇月に入ってようやく行動を起こし、まず向かったのはまたも由良成繁の金山城で、一五日には由良方の仁田山城(にたやまじょう)・皿窪砦(さらくぼとりで)(群馬県桐生市)を攻略し、城に籠もる男女を一人残らず撫(な)で切りにしたという(上越一二二八)。その上で、金山城攻撃の前線基地にするためか、仁田山城の普請(ふしん)を申し付けている。

ところが一一月七日には利根川を渡河して、鉢形城下(埼玉県大里郡寄居町)や成田領(なりたりょう)(同県行田市)・上田領(同県東松山市)を放火して回った。このころ氏政が関宿城攻撃に向かっており、それを牽制する意図があったのかも知れない。その後、深谷城の庁鼻和上杉氏から氏政が敗北したとの情報が入り、利根川を再渡河して新田領を放火し、金山城に対して陣を取った。しかし梁田晴助から関宿城攻撃の北条方が退散していないとの知らせがあったため、足利・館林領に進み、ここもことごとく放火して、二二日に鯉名沼（栃木県佐野市・栃木市）の沼尻に陣取った。翌二三日にはここで梁田晴助・小山秀綱と談合し、二五日に小山へ陣を進めた（上越一二三二）。

佐竹義重や那須資胤にも、同陣して北条方を攻撃するよう要請したが、義重からは、佐竹家中に謙信への不信があり同陣しない、関宿のことは義重に任せてほしいとの返事があった。謙信はなおも、このままでは梁田持助・晴助父子だけでなく、小山も宇都宮も滅亡し、太田資正・梶原政景父子も「さげ頸」になるとして同陣を懇望したが（上越一二三四）、翻意させることはできなかった。そこで謙信は、関宿のことは義重に任せ、自分は独自に古河・栗橋・館林など四、五ヶ所の敵城を突破し、ふたたび利根川を越え騎西・菖蒲・岩付など武蔵の敵地をことごとく放火して回り、灰燼に帰さしめたという。羽生城については、味方から一〇〇里も離れ孤立しているので守り切れず、徒らに滅亡させるのも不憫なので、破却させ従類千余人は引き取ることとした。そして閏一一月一九日には厩橋城に戻り、二四日に帰国した（上越一二三八）。同じころ梁田氏は、佐竹氏の仲介で北条氏に降伏し、関宿城を出て水海城（茨城県古河市）へ移った。

謙信は、武蔵・上野・下野を四〇日にわたって駆け回ったが、ついに戦いを挑む敵はなく、ことに北条方は城に籠もって一騎一人も出て来なかったなどと、「戦果」を誇示している。しかし、本格的城攻めはなく相手にされなかっただけのことで、何の成果も得られずに武蔵・下総から上杉方が一掃される結果となった。それだけでなく、佐竹氏との懸隔がいっそう明確になった。関東の反北条方にとって、謙信は無用の存在になっていたのである。これをもって、謙信の本格的な関東進攻も終わりを告げた。

北条氏の版図拡大と関東諸将

武蔵・下総を勢力下に収めた北条氏は、つぎの攻撃目標を下野小山氏に定めた。小山氏は、上杉方と北条方の間で帰属が定まらなかったが、謙信の下総臼井城での敗北以降は北条方に転じた。しかし、越相同盟締結を契機に北条氏の北関東侵出を危惧して上杉方に傾斜しており、既述のように今回も謙信と軍事協力関係にあったのである。

関宿開城後まもない天正三年（一五七五）正月には早くも攻撃が開始され、半年後の七月には当主小山秀綱の庶子高綱が守る榎本城（栃木県栃木市）が猛攻を受け、高綱は戦死した。その後も北条方の攻撃は続き、翌四年一二月には祇園城も落城寸前に追い詰められた。ここに至り秀綱は城を退去、佐竹氏を頼って常陸に逃れた。その後、北条氏照が小山に進駐し、祇園・榎本両城の大規模な普請を行って下野・常陸進出の拠点とした。

北条氏のつぎの標的は常陸結城氏だった。結城氏は小山氏と関係が深く、当主の晴朝は秀綱と実の兄弟で、二人の父小山高朝は結城政勝の実弟だった。こうしたことから、両者はめまぐるしく変遷する関東政局に連携して対処しており、小山氏の没落を見た晴朝は危機感を深めた。そこで、宇都宮広綱の次男朝勝を養子に迎え、娘を佐竹氏傘下の江戸重通に嫁がせるなど、姻戚関係を通じて下野・常陸の諸将との連携を強めた。こうしたなかで、天正五年閏七月には北条方が結城城を攻め、「随分之者数百人」（〈天正五年〉閏七月八日付北条氏政書状案〈富岡家古文書〉）を討ち取るほどの激戦が展開され、九月には佐竹氏が祇園・榎本城を攻めるなどの武力抗争が続いた。

そして天正六年四月、佐竹義重が北条方の壬生義雄の拠る壬生城（栃木県下都賀郡壬生町）を攻めると、北条氏政は「壬生の後詰」として五千余騎を率い結城・山川（茨城県結城市）に出陣した。そこで佐竹軍も結城に移動し、結城晴朝・那須資胤・宇都宮広綱代官芳賀高継・太田資正・梶原政景ら常陸・下野の反北条方も合流、都合七千余騎が結集した。両軍は結城城の東を流れる鬼怒川を挟んで対峙したが、決戦には至らず七月初旬には両者とも撤退した。これにより、北条氏の下野・常陸侵入は頓挫し、それを謙信の手を借りず自力でやり遂げた北関東の反北条方には、大きな自信となったと思われる。

北条氏のもう一つの攻撃目標は、房総の里見氏だった。里見氏は、三船山合戦以降の勢いを維持し、越相同盟成立後は北条氏から謙信を介して「房相一和」が持ちかけられたが拒否、武田信玄と結んで下総船橋まで進出していた。甲相同盟が復活し、信玄から「房総和親」を打診されても応じなかったが、羽生・関宿城が落城すると状況は変わった。小山氏に対する優勢を確立した北条氏は天正三年八月、船橋・佐倉から上総土気（千葉市）・東金（同県東金市）に侵入、里見方の酒井氏領の郷村を襲い苅田により奪った米を、北条方の上総一宮城（同県長生郡一宮町）の城主正木氏と上総万喜城（同県いすみ市）の城主土岐氏に送った。その後も攻勢を続け、天正四年八月には酒井氏を降伏させた。

祇園城奪取後はさらに北条方の攻勢が強まり、窮した里見氏はさまざまなルートを通じて謙信に「越山」を懇請したが、後述するように能登侵攻に忙しい謙信は、適当にあしらうだけで本気で救援に向かおうとはしなかった。天正五年一〇月に里見方の長南城（千葉県長生郡長南町）の城主武田豊信が降伏し、北条軍が本拠佐貫城（同県富津市）に迫ると、里見義弘は和睦を「懇望」し北条氏に降った。これにより、里見氏は安房と西上総半国の支配が認められ、北条氏の目下の同盟者として小田原合戦まで存続することとなった。この間に謙信は、天正三年九月と天正五年五月に北陸侵攻の合間を縫って「越山」した痕跡が見られるが、政治状況に影響を与えることはまったくなかった。こうして、関東内部の政治勢力間のパワーバランスによる秩序が形成され、拡大していったのである。

能登制圧と謙信の死

関東から帰国した謙信は、上杉氏一門・越後国衆・譜代重臣などの軍役内容（動員数や武器の構成など）を定めた「御軍役帳（おんぐんやくちょう）」を作成し、軍事体制の整備に努めていた。その一方で、北条氏政の「非分」を激しく糾弾し、「氏政一類退治」を誓う願文を多聞天（たもんてん）に捧げていた。

天正三年（一五七五）五月、長篠（ながしの）の戦いで織田信長が武田勝頼（かつより）を破ると、上杉・武田・織田間の力関係が大きく変化した。信長は同盟関係に基づき、謙信に信濃・甲斐に出陣し共同で武田氏を攻撃しようと持ちかけたが、謙信は織田方の北陸方面での攻勢が強まることを見越して応じなかった。実際、信長は八月、一向一揆に占拠されていた越前（えちぜん）に出兵、一揆を駆逐して重臣の柴田勝家（しばたかついえ）に北陸方面を担当させた。謙信も八月に越中・加賀に出陣、一向一揆に対し牽制を加えている。この段階で謙信は信長との同盟から対決へと路線を変更したようで、一〇月中には武田勝頼と和議を結び、翌四年五月には本願寺・加賀一向一揆とも同盟関係に入り、足利義昭が画策していた対信長包囲網に参加することとなった。謙信は義昭に、「北国衆」を引き連れて越前に進攻することを約束したが、その前に能登を平定すると伝えている。能登は、守護畠山義綱が追放された後、重臣の長続連らが義綱嫡子の義慶を守護に立てつつ実権を握っていたが、その続連が信長と通じていたようである。ともかく背後を安定させるということで、謙信は九月に出馬し、まず能登国境に近い湯山城（富山県氷見市）を攻め、一一月には畠山氏の本拠七尾城（石川県七尾市）の攻撃に入り、一二月には七尾城以外の能登は「悉く本意に属し」、城中も日に日に無力になり落城は疑うべくもないと豪語するに至った（〈天正四年〉一二月一九日付上杉謙信書状〈『越佐史料　巻五』天正四年一二月一九日条所載〉）。しかし堅城だったためか、なかなか落とせず、前述のように里見氏らから救援要請が寄せられたこともあり、翌五年四月ころ、いったん帰国して関東に向かった。

謙信は閏七月、七尾城を落とすべく再度魚津に出陣、信長は七尾城からの救援要請を受け、柴田勝家を大将とする軍勢を加賀に攻め込ませた。籠城が長引く七尾城では、遊佐続光が上杉方に内応、九月一五日に軍勢を城内に引き入れ、謙信は長続連ら一類一〇〇人余を討ち取り、一気に城を陥落させた。謙信によれば、さらに二三日、七尾城救援に向かっていた織田方を加賀湊川（手取川）で迎え撃ち、一千余人を討ち取り敗走する者もことごとく洪水に流されるという大勝となった。謙信は、信長が重ねて攻めて来るだろうから、まだ大変だろうと思っていたが、（撤退してしまったので）案外「手弱」なようだ、この分では今後の上洛も安心だ、などと大言壮語している（上越一三四九、原文では「天下迄之仕合心安候」とされ、「天下を狙うこともたやすい」などと解釈するのが一般的だが、当時「天下」は首都である京都の意味でも使われており、本文のような解釈の方が素直と思われる）。しかし、上洛はおろか越前にも進攻せず、七尾城に戻って能登支配の手配りを行い、一二月には春日山に帰った。

翌六年正月一九日、謙信は北陸支配も一段落したとして、結城晴朝の再三の要請に応え「越山」するとの陣触れを発した。しかし、三月九日「不慮の虫気」（脳卒中か）に倒れ、一三日に死去した。享年四九であった。謙信は最期まで関東への執着を捨てなかったようだが、今回の「越山」が実現していたとしても、大した成果を得られなかっただろうことは、これまでの経緯に照らせば明らかである。

上杉謙信の「遺産」と波紋

後継者争いと関東

御館の乱の勃発 ―景勝と景虎

謙信の突然の死は、別の意味で関東に大きな影響を及ぼした。ただちに生じたのは、後継者の地位をめぐる争いである。よく知られているように、謙信は生涯独身を貫き、実子を儲けなかった。仏神に身を捧げたためとする向きもあるが、実際のところは、女性よりも男性との性愛を好んだためと考えられる。衆道自体は、織田信長と森蘭丸の関係のように、戦国時代の武家社会ではごく普通のことだが、実子を儲けないことには大きな問題があった。後継者の決定をめぐり、関係者の利害対立から紛争が発生する確率が高くなるからである。室町幕府管領の細川政元が、修験道に凝って妻帯せず、公家の澄之や一門の澄元・高国を養子に立てたため、三者間で後継者争いが生まれ自らも暗殺されただけでなく、細川京兆家（けいちょうけ）が泥沼の抗争のなかで衰微していったことは有名である。

謙信には何人かの養子がいたが、後継者の候補は小田原北条氏（おだわらほうじょうし）出身の景虎（かげとら）、上田長尾（うえだながお）氏（し）出身の景勝（かげかつ）の二人だった。しかし謙信は、そのうちのどちらを後継者とするか明言していなかった。まず動いたのは景勝だった。景勝は以前より春日山城（かすがやまじょう）に住んでいたが、天正（てんしょう）六年（一五七八）三月二四日に謙信の遺言と称して「実城（みじょう）」（近世城郭の本丸）を占拠し、会津（あいづ）の蘆名（あしな）氏（し）や阿賀北（あがきた）の本庄氏（ほんじょうし）など国内外に向かって謙信の後継を主張する書状（上越一四八七など）を送った。二の郭（くるわ）に住んでいたとされる景虎は、

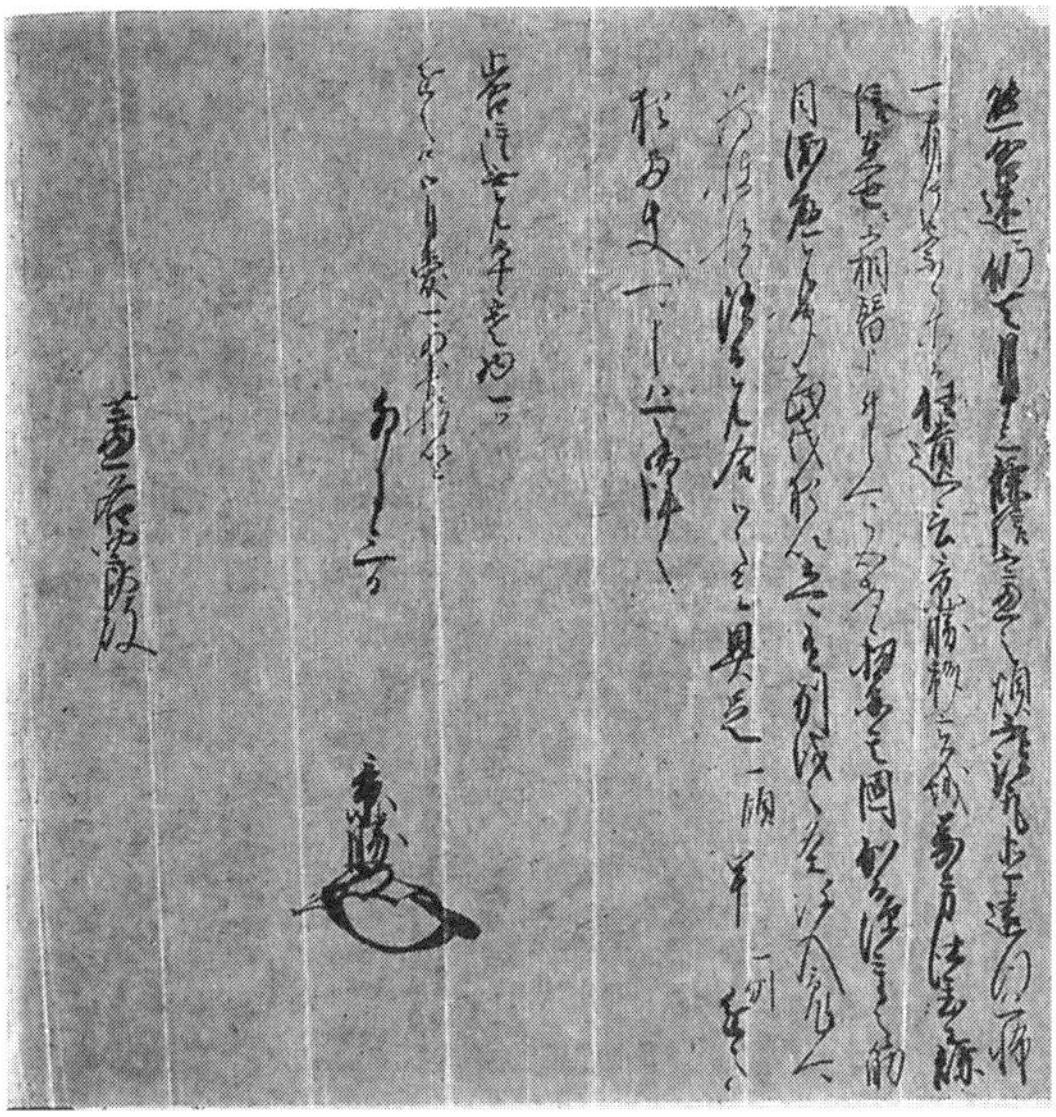

図26　蘆名盛隆宛て上杉景勝書状（米沢市上杉博物館所蔵）

景勝の攻勢に耐えきれず春日山城を退去、五月一三日、府内にある前関東管領上杉憲政の館に避難した。この館は憲政を敬して「御館」と呼ばれており、以後、景虎がここを拠点としたことから、この争乱は「御館の乱」と呼ばれている。

御館の乱は上杉家臣団を二分して戦われた。大きく分けると、景勝方には出身の魚沼や阿賀北などの国衆の大勢が付き、景虎方には蒲原・古志の国衆、それに上野に配された部将が付いた。基本的には余所者の景虎は嫌われたと思われるが、地域間や一族内の対立や北条氏との関わりもあって、景虎派となった者もいたのだろう。

それとともに大きかったのは、外部勢力の動向だった。景虎の実家である北条氏は、当然支援の軍を送ろうとしたが、北関東の反北条方と対峙していたため、厩橋城の北条高広・景広や沼田城の河田重親に出陣を要請した。これに対し景勝は、坂戸城（新潟県南魚沼市）を守る家臣深沢利重に、三国峠を越え猿ヶ京（群馬県利根郡みなかみ町）まで出張して防御させた。また、北条氏と同盟関係にあった武田勝頼は、景虎救援のための出陣要請に応え、五月末には二万余の大軍を信越国境に派遣した。勝頼は、天正三年の長篠合戦の敗北で大打撃を受けていたが、ここまで回復していたのである。

甲越同盟の成立と景勝の勝利

こうした事態のなかで景勝は、越後派遣軍を率いる武田信豊と海津城代高坂昌信を通じて、勝頼に対し連携を申し入れた。おそらく、景虎が越後国主になれば、北条氏と上杉氏が手を組み、武田氏を圧迫することになると訴えたのだろう。勝頼も同意し、六月上旬には景勝と勝頼の妹菊姫との婚約により甲越同盟が成立した。同時に、景勝が接収した春日山城の金蔵にあった金五〇〇両を勝頼に贈ること、東上野と信濃飯山領を武田氏に割譲することが約束されており、景勝が窮状打開のため大きく譲歩していたことがわかる。

これにより、状況は大きく変化した。勝頼は自ら越後に入り景勝と景虎の和平を斡旋、八月にはいったん成立したものの、双方の主張が折り合わず破談となり、勝頼も甲斐に引き上げた。北条方は、北関東勢との対峙が一段落して九月には氏邦が越後に入り坂戸城を攻撃したが、越後に留まっていた武田軍が妻有（新潟県中魚沼郡津南町）まで出陣したため、魚野川対岸の樺野沢城（同県南魚沼市）から前進できず、冬の訪れとともに関東に引き返した。

こうなると、景虎方の劣勢は日を追って明らかになり、御館から退去する者が続出、翌七年二月には景虎方の有力武将北条景広が戦死した。事ここに及んで、上杉憲政は両者の和議を図るべく、三月一七日、景虎の嫡子道満丸を伴って春日山城に向かったが、途中で景勝方の兵に襲われ、道満丸とともに五六年余の数奇な生涯を閉じた。これを機に景勝方は御館を攻め落とし、景虎は関東に逃れるべく鮫ヶ尾城（新潟県妙高市）にたどり着いたが、ここで景勝方の攻撃を受け、自害して果てた。なおも各地で景虎派の抵抗が続いたが、阿賀北では伊達輝宗と結び鳥坂城を占拠していた黒川清実が、六月に輝宗の斡旋で降伏、古志・蒲原では蘆名氏と結んだ栃尾城の本庄秀綱・三条城の神余親綱が、翌八年四月に景勝方の攻撃を受け、会津に逃亡した。これにより、御館の乱は終熄を迎えた。

北条・武田氏間の抗争再燃

御館の乱は、関東の政治状況を大きく変えた。まず、景虎を通じて辛うじてつながっていた、北条氏と上杉氏の関係が完全に断たれてしまった。また、甲相同盟も解消されることとなった。氏政は七年五月、「景虎が亡くなった上は、上州の仕置きは北条氏が申し付ける」と、由良国繁に断言している（天正七年〈一五七九〉五月六日付北条氏政条書案〈『集古文書』〉）。上杉氏の厩橋・沼田支配も、武田氏の西上野支配も一掃するとの宣言だった。

しかし、現実は氏政の思い通りには進まなかった。この年三月、結城晴朝が小山領を攻撃しているように、北条氏の景虎支援の隙を突いた北関東勢の攻勢がすでに始まっていた。これに呼応するかのように、勝頼は甲相同盟で国分けが成立していた駿河・伊豆国境で行動を開始、八月には駿河に出陣して狩野川河口の沼津に三枚橋城（静岡県沼津市）を築城した。氏政も黄瀬川左岸に泉頭城（同県駿東郡清水町）を築き防御を強めるとともに、九月には自ら三島に出陣した。また、遠江浜松の徳川家康に駿河出陣を要請、家康は掛川から持船城（同市駿河区）に攻め寄せた。勝頼は駿府に兵を派遣して対応しつつ、狩野川・黄瀬川を挟んで氏政と対峙したが、両者は本格的戦闘に及ぶことはなく、氏政は一一月に小田原へ帰陣し、勝頼は一二月に甲府へ引き上げた。

　この間に勝頼は、太田資正・梶原政景父子を介して佐竹氏と同盟交渉を進め、一〇月上旬には義重らと起請文を交わした。これに結城・那須・宇都宮氏が続き、北条氏を挟撃する態勢ができた。実際、一〇月には佐竹・結城勢が古河城・栗橋城・水海城を攻めている。主力を駿豆国境に置く北条方は、栗橋城の氏照を中心とする残余の兵力で対応せざるをえなかった。こうしたなか北関東では、北条高広や上野那波城（群馬県伊勢崎市）の城主那波顕宗・下野皆川城（栃木県栃木市）の皆川広照ら、北条方から武田・佐竹方に転向する者が相次いだ。

　天正八年に入ると、戦況はいっそう北条方に不利に展開した。駿豆国境では、三月に氏政が再出陣し深沢城を攻めたが、付近の民家を放火するにとどまった。一方、勝頼は四月、水軍に北条方の本拠長浜城（静岡県沼津市）を襲わせ、海戦で北条水軍を撃破し駿河湾の制海権を握った。北関東では、六月に真田昌幸が沼田城を攻略、九月には武田勝頼・佐竹義重が連携して金山城を裸城同然になるまで攻め立て、新田領・館林領を荒らし回った。この結果、由良成繁だけでなく館林城の足利長尾顕長（成繁の三男）、小泉城（群馬県邑楽郡大泉町）の富岡重朝らも武田・佐竹方に降り、東上野の北条方は壊滅状態となった。

織豊権力と関東

武田氏の滅亡

窮地に立った北条氏政は、思い切った行動に出た。三月に使者を京都に送って織田信長に救援を求め、見返りに「関東八州を御分国に参る」、すなわち織田氏の傘下に入ることを申し出たのである。信長も了承し、氏政嫡子の氏直(うじなお)と信長の娘の婚約が成立した。それまでも、一時の謙信だけでなく伊達氏や佐竹氏など信長と誼を通じる東国の大名はいたが、領国を差し出すなどというのは前代未聞のことだった。とはいえ、信長はいまだ本願寺と交戦中であり、ただちに東国に出陣する状況ではなかった。

天正八年（一五八〇）閏三月、信長は本願寺を降伏させ、畿内制覇を達成すると、翌九年二月には麾下の武将を京都に集め、全国制覇への示威行動「馬揃え」を挙行した。これを機に東方への軍事行動が本格化し、三月には徳川家康が遠江の武田方の拠点高天神城（静岡県掛川市）を陥落させた。勝頼は、駿豆国境で北条方との対峙が続いていたため、援軍を送る余裕がなかった。勝頼は防衛力強化のためとして、二月から新府城（山梨県韮崎市）築城に着手し、一二月に躑躅ヶ崎館（同県甲府市）から移転した。

天正一〇年に入ると、勝頼義弟の木曽義昌が織田方に転向、これを機に、信長嫡子の信忠をはじめ、徳川家康・北条氏政らが各地から武田領国への侵入を開始した。武田方は、信濃高遠城（長野県伊那市）を守る勝頼の弟仁科盛信が奮戦したものの、一族の穴山信君（梅雪）はじめ多くの家臣が離反した。そのため勝頼は、織田方侵攻後一ヶ月ほどで新府城を捨て、郡内（山梨県都留郡域）の国衆小山田信茂を頼ったが受け入れを拒まれ、田野（同県甲州市）で野営していたところ織田家臣滝川一益の兵に発見され、三月一一日、家族もろとも自害して果てた。こうして甲斐武田氏は滅亡したのである。

信長の「惣無事」

信長は三月一九日に諏訪に到着して木曽義昌と穴山信君を接見、義昌には信濃木曽郡を安堵するだけでなく筑摩郡・安曇郡を新たに与え、信君には甲斐河内（山梨県の峡南地域）と駿河江尻領（静岡市清水区）を安堵した。さらに二九日には旧武田領国の管轄担当を各部将に命じた。滝川一益が上野一国と信濃佐久郡・小県郡、河尻秀隆が穴山領を除く甲斐と信濃諏訪郡、森長可が信濃高井・水内・更級・埴科の川中島四郡、毛利長秀が信濃伊那郡の担当となった。

また、関東の武将たちは、こぞって信長への服属を申し出たが、その際、太田資正・梶原政景父子が「直参」としての「出仕」を望んだのに対し、信長は滝川一益が「目付」として在国しているので、彼と相談して「粉骨」するよう命じている。一益は信長から「関東八州警固」あるいは「関東御取次役」として、「東国御仕置」を命じられており、彼らは北条方・反北条方を問わず、一益の統括下に編成されていたのである。上野を除く北条領国については、北条氏の支配権が認められたようだが、祇園城は一益に接収され小山秀綱に返還されることになっている。このように、関東における新たな秩序が、信長の「上意」にしたがって作り出されようとしていたが、そこには地域の政治勢力間のパワーバランスが配慮されていたといえる。それは、当時「東国御一統」と呼ばれており、後には「信長御在世之時」の「惣無事」と認識されるようになった（〈天正一〇年〉一〇月二八日付徳川家康書状案〈『譜牒余録』〉）。

この枠組みの外に置かれ、存亡の危機を迎えていたのが、勝頼と同盟を結び織田方と戦っていた上杉景勝である。織田方は御館の乱を機に柴田勝家が越中に侵攻、さらに天正九年（一五八一）には、同族間の争いを起こしていた阿賀北の国衆新発田重家を調略して反乱を起こさせた。武田氏が滅亡すると危機はいよいよ強まり、森長可が信越国境を突破し滝川一益も上越国境に迫った。そして六月三日には越中の上杉方最後の拠点魚津城が陥落、上杉領国の崩壊は時間の問題と思われた。

本能寺の変の衝撃

ところがここで、状況を一変させる大事件が勃発した。天正一〇年（一五八二）六月二日未明に起きた本能寺の変である。信長死すの報はあっという間に全国に広がり、魚津城を陥落させた柴田勝家は直後に北之庄（福井市）へ引き返した。森長可は六日に知らせを受け、海津城に引き返したのち本拠の美濃金山（岐阜県可児市）に撤退した。ただちに上洛して明智光秀を討つためとしているが、途中で一揆の妨害を受けており、信濃国衆に不穏な動きがあったためと思われる。これにより上杉氏は、滅亡の危機を脱することができた。

甲斐の河尻秀隆は、織田分国を死守しようと甲府にとどまったが、武田遺臣の一揆蜂起により一八日に討ち取られた。上野の滝川一益のもとに第一報が届いたのは六月九日のことで、北条氏政からは一一日に、これからも「心疎」なく何でも協力しあおうという書状が届いた。しかし、上野奪回を目指す北条方は、一九日に神流川畔（埼玉県児玉郡上里町）で上方勢を破り、一益は碓氷峠を越えて小諸から本拠の伊勢長島（三重県桑名市）に逃げ帰った。こうして、織田権力による東国支配は完全に崩壊してしまった。

ここから、北条・徳川・上杉の三者による旧武田領国の再分割抗争が始まる。いわゆる天正壬午の乱である。北条氏政は氏邦を箕輪城に在城させ、由良・那波・真田氏ら上野の主な領主を北条方に引き入れた。徳川家康は、駿河に庇護していた武田氏旧臣岡部正綱・曽根昌世を通じて甲斐に手を伸ばし、信濃に対しても佐久郡の依田信蕃や伊那郡の下条頼安を通じて佐久郡・小県郡・伊那郡の国衆を味方に引き入れた。上杉景勝は北信濃川中島四郡の入手に努め、海津城代の春日信達らが上杉方となった。

そうしたなかで、北条氏直は七月一二日、碓氷峠から信濃に入り、徳川方となった国衆を転向させせつつ、景勝との対決を目指し北信濃に向かった。両者は海津城付近で対陣したが、本格的戦闘に至らないまま氏直は八月初めに甲斐へ転進し、甲府に乗り込んでいた家康と対峙することになった。両者は新府城北方の若神子（山梨県韮崎市）で睨み合ったが、二ヶ月以上経っても決着が付かず、北条方は関東で佐竹氏の攻勢が強まり、徳川方は織田権力の内部抗争（織田信孝―柴田勝家と織田信雄―羽柴秀吉の対立）により援軍が期待できなくなったため、一〇月二九日に講和が結ばれた。その結果、北条氏の上野支配と徳川氏の甲斐・信濃支配が相互承認され、両者は同盟関係を結び氏直は家康の娘徳姫（とくひめ）を正室として迎えた。ただし領域支配は自力による「手柄次第（てがらしだい）」とされており、このとき徳川方にいた真田昌幸は、上野沼田領の引き渡しを拒否し、後に北条氏滅亡の契機となる名胡桃城（なぐるみじょう）（群馬県利根郡みなかみ町）問題を引き起こすことになる。

中央政局との連動

徳川・北条同盟の成立は、関東に大きな影響を及ぼした。前述のように、それまで関東の反北条方は、徳川家康と結んで後方攪乱の役割を果たしていたが、講和が成立すると家康は彼らに対し、信長支配期に作られた秩序を承認し北条氏との抗争を停止するよう求めた。先述の「信長御在世之時」の「惣無事」は、このときの家康の書状に書かれた言葉である。しかし、北条方は上野の真田氏・北条高広だけでなく下野の佐野（さの）氏・皆川氏らにも攻勢をかけており、とても素直に応じられる状況にはなかった。そこで、彼らが新しく連携相手に選んだのは羽柴秀吉だった。天正一一年（一五八三）四月に秀吉が柴田勝家を滅ぼすと、結城晴朝・太田資正・佐竹義重らは相次いで秀吉に祝賀の書状を送った。

上杉景勝は、海津城付近での氏直との対陣の後、新発田重家の反乱鎮圧に着手したが、秀吉からの越前柴田勝家挟撃の誘いに乗り、かえって柴田方の越中佐々成政の越後進入を招き、反乱鎮圧だけでなく上杉方に復帰した北条高広の救援要請にも応じる余裕がなかった。勝家滅亡後も秀吉に降った成政により圧力を受けたが、成政が織田信雄—徳川家康と結んでふたたび秀吉と対立するようになったため、秀吉は景勝を味方に取り込んだ。

　こうして東国では、中央政局の動きと連動して、徳川・北条同盟対上杉氏・関東の反北条氏連合という構図が作られていった。そのなかで関東では、反北条氏連合の反攻が天正一一年一一月から始まり、結城晴朝が小山領に侵攻、佐野宗綱（昌綱の子）が再度反北条方となった由良国繁・長尾顕長らとともに小泉城の富岡氏を攻めた。北条方も栗橋城の氏照と箕輪城の氏邦が救援に向かい、両者の対決が迫ってきた。家康から氏政に「関東惣無事之儀」を求める秀吉の意を伝える書状〈〈年未詳〉一一月一五日付徳川家康書状〈持田文書〉〉が届いたが、氏政は受け容れなかった。

　年が明けて、家康と秀吉の対立が顕在化すると、北条氏直と佐竹義重も出陣し抗争は本格化した。さらに三月に小牧・長久手（愛知県小牧市）で羽柴方と徳川方の戦いが開始されると、四月には佐竹・宇都宮軍が祇園城を、北条軍は足利から佐野を攻め、やがて両軍は下野沼尻（栃木県栃木市）で対陣した。両者はそれぞれ秀吉、家康と連絡を取っており、秀吉は義重に関東の諸氏が協力して軍事行動に及ぶよう要請、家康は氏政・氏直に加勢を求めている。沼尻での対陣は一〇〇日を超えたが、全面的会戦に及ぶことはなく七月半ばに講和が成立した。結果的に見れば、この戦いにより北条氏の家康に対する援軍派遣が阻止されたといえよう。

関東戦国争乱の終焉

小牧・長久手の戦いも一一月には和議が成立し、家康救援の必要がなくなった北条氏は、ふたたび関東制圧に乗り出した。まず反北条方に転向した由良国繁・長尾顕長兄弟の金山城・館林城を奪い、真田氏以外の上野国衆を支配下に置いた。ついで下野の佐野・皆川氏と講和を結び、氏政の弟氏忠（うじただ）が佐野氏の養子となり家督を継いだ。この結果、下野中南部は宇都宮氏を除き、ほとんどが北条氏の麾下に属した。常陸（ひたち）では、小田氏（おだし）が佐竹氏と和睦し、小田城の支城藤沢城（ふじさわじょう）（茨城県土浦市）に入ったため、小田氏の傘下にいた江戸崎城（えどさきじょう）（同県稲敷市）の土岐氏（ときし）、土浦城（つちうらじょう）（同県土浦市）の菅谷氏（すげのやし）、牛久城（うしくじょう）（同県牛久市）の岡見氏（おかみし）らが北条方に付いた。

一方、上杉景勝は、小牧・長久手の戦い終了後も秀吉への対抗姿勢を崩さなかった佐々成政が降伏すると、天正一四年（一五八六）五月に上洛し秀吉に臣従、越後・佐渡（さど）・北信濃の支配権を認められるとともに、東国の「取次（とりつぎ）」（東国諸将との連絡役）を命じられた。

こうした状況を受け、家康は秀吉への臣従を決意した。景勝は、家康との再戦の危惧がなくなった秀吉から新発田氏討伐の了承を得て、天正一五年一〇月に重家を討ち果たした。

こうして、東国諸将間の実力抗争は収まっていき、南奥羽の佐竹・蘆名氏と伊達氏間の争いを除けば、主要な問題としては沼田領をめぐる北条氏と真田氏の対立が残るのみとなった。秀吉は、家康に「関東・奥羽惣無事」の執行を命じ、天正一五年五月に薩摩島津(さつましまづ)氏を降伏させると、全国制覇の重点を東国に移した。いまだ秀吉に臣従していなかった北条氏は危機感を強め、小田原城の「惣構え」を構築するなど防御態勢を強化した。しかし、重臣猪俣邦憲(いのまたくにのり)の名胡桃城奪取事件をきっかけに秀吉の武力攻撃を招き、二〇万を超える大軍の前に北条氏は降伏を余儀なくされた。これにより、関東の争乱には終止符が打たれた。この小田原合戦に、上杉景勝は前田利家(まえだとしいえ)らとともに北陸道軍として参加した。彼にとって初めての関東出陣だったが、その意味は養父謙信の「越山(えつざん)」とはまったく異なっていた。

関東管領から普通の戦国大名へ——エピローグ

ここで本論を踏まえ、あらためて謙信の「越山」の意味を考えてみたい。まず、関東の戦国争乱のなかでの位置を確認する。

関東戦国史の三段階

関東の戦国史は、大きく三段階に区分される。第一段階は、一五世紀後半の享徳の乱の勃発から長享の乱の終了までである。前者は古河公方足利成氏と関東管領山内上杉氏の戦い、後者は山内上杉氏と扇谷上杉氏の戦いで、いずれも室町幕府体制の関東版である鎌倉府体制内での伝統勢力間の争いだった。越後上杉氏は、山内上杉氏との強い結びつきがあったため、二つの乱に関与して関東に出兵した。二つの乱は、新しい時代を切り開くものではなかったが、小田原北条氏という新興勢力の台頭を招く結果をもたらしたという意味で、「室町幕府体制の終わりのはじまり」と位置づけられる。この点は、遅れて中央で起きた応仁文明の乱と共通、関連していた。

第二段階は、一六世紀前半の古河公方家・山内上杉家の内紛に乗じた小田原北条氏の急成長から、河越合戦での山内上杉・扇谷上杉両氏に対する北条氏の勝利までである。新たな地域支配者をめぐる覇権争いが展開し、それに勝ち抜いた者が戦国大名の地位に就いたのである。越後では、守護代長尾為景が守護上杉房能を滅ぼしたが、国人領主たちの反発により享禄天文の乱が展開した。しかし、息子の長尾景虎が勝利を収め国主の地位に就いた。中央では、管領細川政元による将軍足利義材の追放（明応の政変）に続き、細川家の分裂抗争が展開して室町幕府的秩序は解体した。

第三段階は、一六世紀後半の戦国大名間の「国郡境目相論」と呼ばれる領土紛争が展開し、やがて中央の織田・豊臣権力との関係が生じ、小田原北条氏の滅亡により「天下統一」が実現するまでである。北条氏は、甲斐武田氏・駿河今川氏と「三国同盟」を結び、それぞれが独自の領国拡大を目指した。そこに長尾景虎が、逃亡してきた山内上杉憲政の要請に応じるかたちで関東に進攻し、山内上杉家を継ぎ上杉政虎（後に輝虎・謙信）を名乗るとともに、関東管領に就任し関東支配権を主張した。そのため、関東では独特な抗争が展開されることになるが、武田信玄の駿河侵攻により「三国同盟」が破綻すると、上杉・北条・武田氏間の同盟関係は「越相同盟」から「甲相同盟」へと推移した。

上杉謙信が亡くなると、後継者争いである御館の乱を機に「甲越同盟」が成立し、劣勢となった北条氏は、対本願寺戦勝利目前の織田信長に、服属を条件として援助を求めた。武田氏滅亡後、関東は織田氏の支配下に入り「惣無事」が実現された。しかし、直後の本能寺の変により状況は一変、北条・徳川氏と滅亡寸前だった上杉氏の間で、新たな領土争奪戦が展開された。この争いは旧織田権力の内部抗争と連動して展開したが、北条氏の滅亡により決着が付けられた。

「越山」の歴史的意味

このなかで、「越山」は第三段階に位置づけられる。留意すべきは第一・二段階で起きた変化で、室町幕府（・鎌倉府）体制という伝統的権威に基づく秩序が動揺・解体し、地域社会の変化を踏まえた新たな秩序が、下から構築されていったことである。戦国大名間の「国郡境目相論」は、それを基礎とする領域形成をめぐる争いだった。したがって戦国大名の領国支配も、地域を押さえた広域的公権力による支配という性格を有しており、着実に面的支配を広げる必要があったのである。

謙信が育った越後で第二段階に起きた享禄天文の乱も、前半は新たな秩序形成への抵抗という性格が強かったが、後半はその担い手をめぐる熾烈なヘゲモニー（主導権）争いとなった。謙信は幼いころからこの争いの渦中にあり、それを勝ち抜くことで越後の覇者の地位を獲得したのである。さらに、隠退騒動を契機に家臣の統制を強め、そのエネルギーを外征へと向かわせた手腕は、ことによったら意図せぬ結果だったかも知れないが、なかなかのものだと評価したい。

ところが、いざ「越山」に乗り出すと、長享の乱の際の山内・扇谷上杉氏のように、関東平野を駆け巡る「点と線」の戦いを繰り返した。これは、鎌倉府という広域支配の存在を前提とする戦い方である。しかし、それはすでに過去のものとなり、鎌倉（古河）公方・関東管領の権威がどれほどのものであったかは、一〇年以上前の河越合戦で明らかにされていたはずである。にもかかわらず謙信は、自らが関東管領となり足利藤氏（ふじうじ）を古河公方に擁立し、前関東管領上杉憲政と関白近衛前久（このえさきひさ）に補佐させることをもって関東支配体制とした。このように伝統的権威に基づくリーダーを自任して戦った謙信は、いわば周回遅れのトップランナーだったのである。

戦いに勝利しているうちは追随する関東武将も多かったが、時代遅れの戦い方が破綻するとともに彼らは謙信から離れ、地域に根ざした関係に基づき行動するようになった。越相同盟の締結以後、謙信は「普通の戦国大名」の立場になったが、山内上杉氏の本拠だった上野すら一部を除いて回復することができないまま、世を去ることになったのである。

あとがき

一〇年ほど前、『動乱の東国史7　東国の戦国争乱と織豊権力』（吉川弘文館、二〇一二年）を書き上げたとき、当時編集部におられた大岩由明さんから、「上杉謙信を主人公にした本を書かないか」とのお声がかかった。私は新潟生まれで新潟大学に勤め、それが縁で『新潟県史』の編纂に参加し、越後の戦国史に関する文章もいくつか書いていた。また「上杉謙信のイメージ――プロローグ」に書いたように、謙信について言いたいこともあったので、お引き受けしようと思ったが、共通するところの多い時代・地域を対象とした本を書いたばかりという気持ちもあり、「老後の楽しみにとっておく」などと返事をしておいた。古稀を過ぎたころ、十分「老後」になったと判断されたのか、編集部の斎藤信子さんからふたたびお誘いをうけた（ご本人によれば、私が長く編集に関わっていた『みる・よむ・あるく東京の歴史』〈全一〇巻、吉川弘文館、二〇一七～二一年〉の完結の目途がついたためだそうだが）。実際、歴史科学協議会の代表理事も辞め、かなり暇になっていたので、この際、本書の執筆に取りかかろうと決めた次第である。

そこで、関連史料の読み直しを始めると、遅すぎると言われるかも知れないが、謙信の書状がとても面白いことに気付いた。戦国武将の書状というと、ふつうは用件のみが簡潔に書かれていて、細かいことは書かずに「委細は使者が申す」などとするものである。一方、謙信の書状は、本文でも紹介しているように、書状を認めるに至った事情や彼の心情がこと細かに記されている。もちろん、そこには政治的意図が込められているので、文面をそのまま鵜呑みにすることはできないが、それも含めて謙信の人柄が滲み出ていると感じられるのである。

たとえば、「労兵」（兵士の疲労）という言葉がよく使われている。「越山」が遅れていることの言い訳の場合が多いが、実際、越後の兵士は「東奔西走」して疲れていたと思われ、半分は本音だっただろう。それにしても、弱点を自ら明らかにすることが、相手にどのような効果をもたらすか考えたのだろうか。良くいえば率直、悪くいえば思慮が浅いとされよう。また、松山城の失陥や羽生城救援失敗の際には、負け惜しみで他人に責任を転嫁し、騎西城の奪取では勝手な理屈で正当化しているが、これらにも同じような問題がある。こう見ると、謙信の書状にはポロポロと本音が現れているように思われる。

　そうだとすると、伝統的権威を尊重する態度も、支配正当化のための政治的利用を越えた、本心から出た面があるようにも思える。近衛前嗣への深い信頼と、裏切られたときの怒りも、それによって理解できるのではないか。そう考えると、越相同盟成立後に北陸などで顕著となる、「普通の戦国大名」的行動との間で葛藤はなかったのか、正妻の子ではない出自が「正統」への憧れを育んだのか、それとも、時々の感情に従い行動・発言しただけで、矛盾を感じることなどなかったのかなど、さまざまな思いが浮かんでくる。

　とはいえ、これらは現在の私の手には余る問題で、さらに「老後の楽しみにとっておく」ことにしたい。

二〇二四年六月

池　　享

略年表

年号	西暦	事項
応永二三	一四一六	前関東管領上杉氏憲（禅秀）、鎌倉公方足利持氏に背く（上杉禅秀の乱）。
永享一〇	一四三八	足利持氏、関東管領上杉憲実討伐に出陣し、幕府が持氏を追討する（永享の乱）。
宝徳二	一四五〇	鎌倉公方足利成氏、山内上杉氏家宰長尾景仲らに襲われる（江ノ島合戦）。越後守護上杉房定、守護代長尾邦景を討つ。
享徳三	一四五四	足利成氏、関東管領上杉憲忠を誅殺する（享徳の乱開始）。
四	一四五五	足利成氏、下総古河に本拠を移す（古河公方の成立）。
長禄元	一四五七	太田道灌、武蔵江戸城・河越城を築く。
この頃		上杉方、武蔵五十子陣を築く。
二	一四五八	足利政知、伊豆に到着する（堀越公方の成立）。
三	一四五九	上杉房定、越後勢を率い上野羽継原で古河公方方と戦う。
文正元	一四六六	上杉房定の子顕定、関東管領に就任する。
文明九	一四七七	長尾景信の子景春、武蔵五十子陣を攻撃する（長尾景春の乱）。
一〇	一四七八	足利成氏、上杉方と和睦する。
一四	一四八二	足利成氏、室町幕府と和睦する（都鄙合体、享徳の乱終了）。
一八	一四八六	扇谷上杉定正、相模糟屋の館で家宰の太田道灌を殺害する。
長享元	一四八七	山内上杉方、扇谷上杉方の下野勧農城を攻撃する（長享の乱開始）。
二	一四八八	「関東三戦」（相模実蒔原・武蔵須賀谷原・武蔵高見原）が起こる。

延徳三	一四九一	堀越公方足利政知が死去し、息子茶々丸が異母弟潤童子を殺害する。
明応二	一四九三	管領細川政元、将軍足利義材を廃し足利義高を擁立する（明応の政変）。伊勢宗瑞、伊豆に侵攻し堀越公方足利茶々丸を攻める。
三	一四九四	扇谷上杉定正、山内上杉方の武蔵鉢形城攻撃の途上で頓死する。
この頃		伊勢宗瑞、相模小田原城を奪取する。
永正元	一五〇四	扇谷上杉朝良・伊勢宗瑞・今川氏親、武蔵立河原で山内上杉顕定と戦い勝利する。
二	一五〇五	扇谷上杉朝良、越後より援軍を得た山内上杉顕定に降伏する（長享の乱終了）。
三	一五〇六	古河公方足利政氏・高基父子が争い、上杉顕定が調停する。
四	一五〇七	細川政元が暗殺され、後継をめぐり養子澄之・澄元・高国が争う。越後守護上杉房能が守護代長尾為景に滅ぼされ、定実が守護に擁立される。
七	一五一〇	上杉顕定、越後で長尾為景に敗死する。
九	一五一二	上杉顕定の養子憲房、同じ養子顕実（足利政氏の子）の武蔵鉢形城を攻略する。足利高基が古河に入城する。雪下殿空然、還俗して足利義明を名乗る。伊勢宗瑞、鎌倉にはいる。
一〇	一五一三	越後守護上杉定実方が反長尾為景で挙兵し翌年敗れる（永正の乱）。
一三	一五一六	伊勢宗瑞、三崎城を攻略して相模を制圧する。
一五	一五一八	足利義明が下総小弓城に入り、小弓御所（公方）を名乗る。
大永四	一五二四	北条氏綱、武蔵江戸城を奪取する。
六	一五二六	安房里見氏・上総武田氏、江戸を攻撃する。
享禄三	一五三〇	越後上杉氏一族の上条定憲が挙兵する（越後享禄天文の乱開始）。**長尾景虎（上杉謙信）が生まれる。**

年号	西暦	事項
享禄四	一五三一	細川高国、細川晴元との戦いに敗れ自刃する。
天文二	一五三三	北条氏綱が里見・武田氏の内紛に介入し、房総に派兵する。
四	一五三五	越後阿賀北の色部・本庄氏家中で内紛が続出する。
五	一五三六	長尾為景が家督を長男晴景に譲渡し、上杉定実が守護に復帰する。今川氏輝弟の梅岳承芳（義元）・玄広恵探間で後継者争いが起きる（花倉の乱）。
六	一五三七	北条氏綱、武蔵河越城を攻略する。今川義元が武田信虎の娘と結婚し、駿甲同盟が成立する。北条氏綱、駿河に侵攻し富士川以東を占領する（河東一乱）。
七	一五三八	北条氏綱、下総国府台で小弓公方足利義明を討つ（第一次国府台合戦）。
八	一五三九	伊達稙宗三男時宗丸の上杉定実への養子問題で、伊達氏が越後に侵攻する。
一〇	一五四一	武田信玄、父の信虎を駿河に追放する。
一一	一五四二	伊達晴宗、父稙宗と争う（伊達氏天文の乱）。
一二	一五四三	長尾景虎、越後栃尾に派遣され古志・蒲原統治を担当する。
一四	一五四五	今川義元、河東回復のため駿河で北条氏康と戦う。
一五	一五四六	北条氏康、河越合戦で関東管領上杉憲政・扇谷上杉朝定らを破る。
一六	一五四七	上杉憲政、村上義清の求めに応じ信濃に出陣し、武田信玄に大敗を喫す。
一七	一五四八	**長尾晴景が隠退し、弟景虎が家督を継ぐ。** 武田信玄、北信濃に侵攻する。
二〇	一五五一	長尾景虎、上田長尾政景と和睦する（享禄天文の乱終了）。
二一	一五五二	上杉憲政、上野平井城を追われ越後の長尾景虎の許に逃れる。

この頃		北条・今川・武田氏間で婚姻が行われ、三国同盟が成立する。
二二	一五五三	長尾景虎、北信濃で武田信玄と戦う（第一次川中島合戦）。長尾景虎、上洛し後奈良天皇に面会する。
二四	一五五五	長尾景虎、信濃善光寺に出陣する（第二次川中島合戦）。
弘治二	一五五六	北条氏康、常陸海老ヶ島で結城政勝らとともに小田氏治と戦う。長尾景虎、隠退を表明、後に撤回する。
三	一五五七	長尾景虎、北信濃に出陣する（第三次川中島合戦）。
永禄二	一五五九	長尾景虎、上洛し足利義輝・近衛前嗣（前久）に面会する。
三	一五六〇	北条氏康、里見義堯を上総久留里城に包囲する。長尾景虎、越中に出陣し椎名保胤とともに守護代神保長職と戦う。
四	一五六一	**長尾景虎（上杉謙信）、相模小田原城に北条氏康を攻めた後、山内上杉氏の家督を相続し、鶴岡八幡宮で関東管領に就任する。**上杉謙信と武田信玄、北信濃川中島で戦い激戦となる（第四次川中島合戦）。武田信玄、上野国峰城を攻略する。上杉謙信、再度関東に攻め込む。
五	一五六二	北条氏康、武蔵勝沼城を攻略する。古河公方足利藤氏・近衛前久・上杉憲政、古河城を退去する。
六	一五六三	北条氏康、武蔵松山城を攻略する。上杉謙信、武蔵騎西城、下野祇園城・唐沢山城を攻略する。
七	一五六四	北条氏康、下総国府台で里見義堯らと戦い勝利する（第二次国府台合戦）。上杉謙信、常陸小田城を攻略する。

年号	西暦	事項
九	一五六六	武田信玄、上野箕輪城を攻略し西上野を制圧する。上杉謙信、下総臼井城を攻撃するが敗北し諸将の離反が続く。
一〇	一五六七	北条氏政、上総三船山の合戦で里見義堯と戦い敗れる。上杉勢が、下野唐沢山城から撤収する。
永禄一一	一五六八	越後阿賀北の本庄繁長、武田信玄の指嗾により上杉謙信に対し反乱を起こす。武田信玄、駿河に侵攻する。今川氏真、遠江掛川城に逃れる。
一二	一五六九	上杉謙信、越中に出陣し神保長職とともに椎名保胤と戦う。武田信玄、小田原城を攻撃する。**北条氏康・氏政、上杉謙信と血判誓紙を交換する（越相同盟成立）**。佐竹義重・太田資正ら、常陸手這坂で小田氏治と戦い小田城を奪取する。
元亀二	一五七一	武田信玄、北条方の駿河深沢城を奪取する。北条氏政、武田信玄と領土分割協定を結ぶ（越相同盟解消・甲相同盟復活）。
三	一五七二	上杉謙信、越中に出陣し武田信玄と連携する加賀一向一揆と戦う。武田信玄、遠江三方原で徳川家康を破る。
天正二	一五七四	上杉謙信、関東に侵攻し各地を放火して越後に引き上げる。上杉方の武蔵羽生城が破却され、下総関宿城の簗田晴助・持助、北条氏に降伏する。
四	一五七六	北条氏、下野祇園城を攻略する。上杉謙信、能登に侵攻する。
五	一五七七	上杉謙信、能登七尾城を奪取し、次いで加賀手取川で織田方を破る。里見義弘、北条氏に降伏する。

六	一五七八	佐竹義重ら反北条方、常陸小河原で北条方と対峙する（小河原合戦）。**上杉謙信が死去、養子景勝・景虎間で後継者争いが起きる（御館の乱）**。
七	一五七九	武田勝頼、上杉景勝と結び駿河・伊豆方面で北条氏との抗争を再開する（甲相同盟解消・甲越同盟成立）。
八	一五八〇	北条氏政、織田信長に服属を条件として支援を要請する。
一〇	一五八二	織田信長、信濃・甲斐に侵攻し武田氏を滅ぼす。本能寺の変が発生、織田氏部将滝川一益・森長可らが占領地から撤退する。北条氏と徳川氏が甲斐で戦い、講和して領土分割協定を結ぶ。
一二	一五八四	徳川家康、尾張小牧・長久手などで羽柴秀吉と戦う。北条方と佐竹義重ら北関東の反北条方、下野沼尻で対陣する（沼尻合戦）。
一四	一五八六	上杉景勝、上洛して豊臣秀吉に臣従する。徳川家康、豊臣秀吉に臣従し東国の「取次」を命じられる。
一五	一五八七	北条氏、小田原城惣普請を開始し領国防衛を固める。
一六	一五八八	北条氏政の弟氏規が上洛し、豊臣政権への服属の意を表す。
一七	一五八九	上野沼田城主猪俣邦憲、真田氏の上野名胡桃城を奪取する。
一八	一五九〇	豊臣秀吉、小田原城を攻め北条氏を滅ぼす。

参考文献

池　享『大名領国制の研究』校倉書房、一九九五年
池　享『日本中世の歴史6　戦国大名と一揆』吉川弘文館、二〇〇九年
池　享『動乱の東国史7　東国の戦国争乱と織豊権力』吉川弘文館、二〇一二年
池享・矢田俊文編『定本上杉謙信』高志書院、二〇〇〇年
池享・矢田俊文編『上杉氏年表　為景・謙信・景勝』高志書院、二〇〇三年
池上裕子他編『クロニック戦国全史』講談社、一九九五年
市村高男『戦争の日本史10　東国の戦国合戦』吉川弘文館、二〇〇九年
久保健一郎『列島の戦国史1　享徳の乱と戦国時代』吉川弘文館、二〇二〇年
黒田基樹編『中世関東武士の研究三四　長尾為景』戎光祥出版、二〇二三年
竹井英文『織豊政権と東国社会』吉川弘文館、二〇一二年
谷口研語『流浪の戦国貴族　近衛前久』中央公論社、一九九四年
則竹雄一『動乱の東国史6　古河公方と伊勢宗瑞』吉川弘文館、二〇一三年
萩原大輔『謙信襲来』能登印刷出版部、二〇二〇年
福原圭一・前島敏編『上杉謙信』高志書院、二〇一七年
藤木久志『雑兵たちの戦場』朝日新聞社、一九九五年

前島敏編『中世関東武士の研究三六　上杉謙信』戎光祥出版、二〇二四年
峰岸純夫『(講談社選書メチエ) 享徳の乱』講談社、二〇一七年
峰岸純夫・斎藤慎一編『関東の名城を歩く　北関東編』吉川弘文館、二〇一一年
峰岸純夫・斎藤慎一編『関東の名城を歩く　南関東編』吉川弘文館、二〇一一年
山田邦明『(人物叢書) 上杉謙信』吉川弘文館、二〇二〇年
矢田俊文『(ミネルヴァ日本評伝選) 上杉謙信』ミネルヴァ書房、二〇〇五年
梁瀬大輔『対決の東国史7　小田原北条氏と越後上杉氏』吉川弘文館、二〇二二年

『静岡県史通史編2　中世』一九九七年
『上越市史通史編2　中世』二〇〇四年
『上越市史別編1　上杉氏文書集一』二〇〇三年
『上越市史別編2　上杉氏文書集二』二〇〇四年
『新潟県史通史編2　中世』一九八七年
『村上市史通史編1　原始・古代・中世』一九九九年
佐藤進一他編『中世法制史料集第三巻　武家家法Ⅰ』岩波書店、一九六五年
杉山博・下山治久・黒田基樹編『戦国遺文　後北条氏編一~五巻』東京堂出版、一九八九~九三年
高橋義彦編『越佐史料　巻三~五』名著出版、一九七一年(復刻)
峰岸純夫・川崎千鶴校注『史料纂集古記録編　松陰私語』八木書店、二〇一一年

著者紹介

一九五〇年、新潟県に生まれる
一九八〇年、一橋大学大学院経済学研究科博士課程単位取得退学
現在、一橋大学名誉教授、博士（経済学）

〔主要著書〕

『日本中世の歴史6　戦国大名と一揆』（吉川弘文館、二〇〇九年）
『戦国期の地域社会と権力』（吉川弘文館、二〇一〇年）
『日本中近世移行論』（同成社、二〇一〇年）
『動乱の東国史7　東国の戦国争乱と織豊権力』（吉川弘文館、二〇一二年）
『列島の戦国史6　毛利領国の拡大と尼子・大友氏』（吉川弘文館、二〇二〇年）

歴史文化ライブラリー
609

上杉謙信の本音
関東支配の理想と現実

二〇二四年（令和六）十月一日　第一刷発行

著　者　池（いけ）　享（すすむ）
発行者　吉　川　道　郎
発行所　株式会社　吉川弘文館
東京都文京区本郷七丁目二番八号
郵便番号一一三―〇〇三三
電話〇三―三八一三―九一五一〈代表〉
振替口座〇〇一〇〇―五―二四四
https://www.yoshikawa-k.co.jp/
印刷＝株式会社 平文社
製本＝ナショナル製本協同組合
装幀＝清水良洋・宮崎萌美

ISBN978-4-642-30609-6

歴史文化ライブラリー

1996.10

刊行のことば

現今の日本および国際社会は、さまざまな面で大変動の時代を迎えておりますが、近づきつつある二十一世紀は人類史の到達点として、物質的な繁栄のみならず文化や自然・社会環境を謳歌できる平和な社会でなければなりません。しかしながら高度成長・技術革新にともなう急激な変貌は「自己本位な刹那主義」の風潮を生みだし、先人が築いてきた歴史や文化に学ぶ余裕もなく、いまだ明るい人類の将来が展望できていないようにも見えます。このような状況を踏まえ、よりよい二十一世紀社会を築くために、人類誕生から現在に至る「人類の遺産・教訓」としてのあらゆる分野の歴史と文化を「歴史文化ライブラリー」として刊行することといたしました。

小社は、安政四年(一八五七)の創業以来、一貫して歴史学を中心とした専門出版社として書籍を刊行しつづけてまいりました。その経験を生かし、学問成果にもとづいた本叢書を刊行し社会的要請に応えて行きたいと考えております。

現代は、マスメディアが発達した高度情報化社会といわれますが、私どもはあくまでも活字を主体とした出版こそ、ものの本質を考える基礎と信じ、本叢書をとおして社会に訴えてまいりたいと思います。これから生まれでる一冊一冊が、それぞれの読者を知的冒険の旅へと誘い、希望に満ちた人類の未来を構築する糧となれば幸いです。

吉川弘文館

歴史文化ライブラリー

近世史

歴史文化ライブラリー

明暦の大火「都市改造」という神話——岩本　馨
〈伊達騒動〉の真相——平川　新
江戸の町奉行——南　和男
大名行列を解剖する 江戸の人材派遣——根岸茂夫
江戸大名の本家と分家——野口朋隆
江戸の武家名鑑 武鑑と出版競争——藤實久美子
江戸の出版統制 弾圧に翻弄された戯作者たち——佐藤至子
武士という身分 城下町萩の大名家臣団——森下　徹
旗本・御家人の就職事情——山本英貴
武士の奉公　本音と建前 江戸時代の出世と処世術——高野信治
近江商人と出世払い 出世証文を読み解く——宇佐美英機
犬と鷹の江戸時代 〈犬公方〉綱吉と〈鷹将軍〉吉宗——根崎光男
武人儒学者　新井白石 正徳の治の実態——藤田　覚
近世の巨大地震——矢田俊文
土砂留め奉行 河川災害から地域を守る——水本邦彦
外来植物が変えた江戸時代 里湖・里海の資源と都市消費——佐野静代
闘いを記憶する百姓たち 江戸時代の裁判学習帳——八鍬友広
江戸時代の瀬戸内海交通——倉地克直
江戸のパスポート 旅の不安はどう解消されたか——柴田　純
江戸の捨て子たち その肖像——沢山美果子
江戸時代の医師修業 学問・学統・遊学——海原　亮
江戸幕府の日本地図 国絵図・城絵図・日本図——川村博忠
踏絵を踏んだキリシタン——安高啓明
墓石が語る江戸時代 大名・庶民の墓事情——関根達人
石に刻まれた江戸時代 無縁・遊女・北前船——関根達人
近世の仏教 華ひらく思想と文化——末木文美士
伊勢参宮文化と街道の人びと ケガレ意識と不埒者の江戸時代——塚本　明
吉田松陰の生涯 猪突猛進の三〇年——米原　謙
松陰の本棚 幕末志士たちの読書ネットワーク——桐原健真
龍馬暗殺——桐野作人
日本の開国と多摩 生糸・農兵・武州一揆——藤田　覚
幕末の海軍 明治維新への航跡——神谷大介
海辺を行き交うお触れ書き 浦触の語る徳川情報網——水本邦彦
江戸の海外情報ネットワーク——岩下哲典

民俗学・人類学

古代ゲノムから見たサピエンス史——太田博樹
日本人の誕生 人類はるかなる旅——埴原和郎
倭人への道 人骨の謎を追って——中橋孝博
役行者と修験道の歴史——宮家　準
幽霊　近世都市が生み出した化物——髙岡弘幸